Personne
ne voulait me croire

SALIMA

SY

Personne ne voulait me croire

TEMOIGNAGE

J'AI LU

Avertissement

Ce livre n'aurait jamais été écrit sans la collaboration
de Bérénice Morel.
Je la remercie du fond du cœur

Salima Sy

À Caroline, Marc et leurs enfants.
À Marie-Jeanne, Alain et leurs enfants.
À Sara, Ada, Anna et toutes les autres.
À ma famille à Dakar.

Tous les êtres humains naissent libres et égaux en dignité et en droits. Ils sont doués de raison et de conscience et doivent agir les uns envers les autres dans un esprit de fraternité.

Déclaration universelle des droits de l'homme
Article 1

16 septembre 1996
Aéroport de Roissy-Charles-de-Gaulle

« N'oublie jamais la chance que tu as »...

La phrase tourne sans arrêt dans ma tête... Le jour se lève doucement. C'est la première fois que je passe la nuit dans un avion. La première fois que je prends l'avion, tout simplement. Je suis à plus de 4 000 kilomètres de chez moi, de ma famille.

J'ai 17 ans.

Je serre mon passeport dans mes mains. Sur mon visa, il est écrit : « Salima Sy, née à Dakar le 24 avril 1979, élève. Permis de séjour d'un mois, à renouveler. » Ce n'est pas moi qui me suis occupée des formalités. Je n'y comprends pas grand-chose, je l'avoue ! Ce que je sais, en revanche, c'est ce qui est marqué là, en toutes lettres, ce que je suis aujourd'hui, ce qui explique pourquoi j'arrive en France, mon identité, mon statut : ÉLÈVE. Je viens de terminer le collège et je suis sur le point d'entrer au lycée. Je viens étudier à Paris. Je suis une bonne élève. J'ai toujours aimé l'école. Plus tard, je voudrais être styliste, travailler dans la mode, la couture.

Comme ma mère qui fait des vêtements.

Il est 6 h 20, heure de Paris. Le gros Boeing en provenance de Dakar se pose. Il fait encore très noir sur la piste du terminal 2. L'appareil roule à toute vitesse et freine brutalement. Tous les passagers sont plaqués à leur siège. Et si c'était la fin ? Dans cinq minutes, on sera peut-être... Je ferme les yeux. Comme pour le décollage, j'ai un peu la nausée, des vertiges, l'impression d'être dans une centrifugeuse géante. Et peur aussi. Très peur ! Ce serait trop bête de mourir maintenant, avant même de mettre pied à terre, de faire un pas sur le sol français !... Je remonte mes jambes contre ma poitrine et les entoure de mes bras, comme un bébé.

Là-bas, chez moi, mes parents, mes frères et mes sœurs dorment encore, c'est sûr. D'autant plus qu'il est une heure de moins. C'est la nuit. Je me demande si c'est la même qui recouvre le Sénégal et la France. Qui s'étend sur les 4 231 kilomètres séparant Paris et Dakar...

En tout cas, c'est la nuit où j'ai quitté mon pays pour la première fois.

Je me revois hier soir, à l'aéroport. Mes cinq frères aînés faisaient les clowns et mes deux sœurs se forçaient à sourire. « N'oublie jamais la chance que tu as. La France, ça fait rêver le monde entier. Sois digne de la famille. Nous sommes tous fiers de toi. » Mais j'ai bien remarqué qu'elles se retenaient de pleurer l'une et l'autre.

Heureusement que maman n'était pas là ! Elle avait préféré me dire au revoir à la maison, rapidement, sans solennité, comme si je partais dormir chez une amie. Elle savait que ce serait plus facile comme ça, du point de vue de l'émotion. Mon père, en revanche, est venu jusqu'au *check point*. La France, il connaît. C'est sa jeunesse ! Il a servi dans l'armée nationale il y a longtemps.

Il m'a bénie et m'a regardée me diriger dans la salle d'embarquement sans un mot, droit dans son costume traditionnel multicolore, fier et beau, une main appuyée sur l'épaule d'un de mes frères.

Et tout le monde agitait les bras et m'envoyait des baisers dans l'air africain, à moi, la benjamine en partance pour l'Europe. Il était presque 23 heures. C'est la dernière image que j'ai emportée avant de tourner la tête vers l'avenir. Une partie de ma vie venait de s'achever.

Mon enfance était terminée.

L'avion a ralenti. Il roule à présent comme un gros autobus vers son point d'arrivée. À l'intérieur, ils ont remis la petite musique douce du départ. Les lumières se rallument sur le visage de mes compatriotes à demi ensommeillés. À bord, nous ne sommes quasiment que des Sénégalais.

À côté de moi, Pape étire les bras et se frotte les yeux. Il a dormi pendant presque tout le vol. Cinq heures et vingt minutes, très exactement. Pape, c'est le mari d'Aïda. Ils sont tous les deux dakarois et vivent à Paris depuis plusieurs années. Aïda a travaillé longtemps avec un monsieur très proche de ma famille, un ami d'enfance de ma mère. Par son intermédiaire, elle a proposé à mes parents de m'héberger chez elle pour que je puisse poursuivre mes études en France.

L'avion s'est arrêté. Je crois que nous sommes arrivés.

Première partie

L'espoir

1. Chacun peut se prévaloir de tous les droits et de toutes les libertés proclamés dans la présente Déclaration, sans distinction aucune, notamment de race, de couleur, de sexe, de langue, de religion, d'opinion politique ou de toute autre opinion, d'origine nationale ou sociale, de fortune, de naissance ou de toute autre situation.

2. De plus, il ne sera fait aucune distinction fondée sur le statut politique, juridique ou international du pays ou du territoire dont une personne est ressortissante, que ce pays ou territoire soit indépendant, sous tutelle, non autonome ou soumis à une limitation quelconque de souveraineté.

Déclaration universelle des droits de l'homme
Article 2

I

Voilà. J'étais en France, le pays des droits de l'homme, de la liberté. J'avais du mal à y croire. J'étais pleine d'illusions et de confiance. Quand je repense à tout cela maintenant, il me semble qu'il s'agit d'une autre que moi. C'est difficile, douloureux de se remémorer. De ne pas juger. De ne pas être amère, dans un esprit de vengeance. De ne pas se demander toutes les cinq minutes « pourquoi personne n'a rien fait ? Pourquoi personne n'a rien dit ? Comment j'ai pu tomber sans aucun secours dans les griffes d'... ». Oui, c'est dur, mais c'est un travail nécessaire. Et je vais tenter de l'accomplir jusqu'au bout.

Me voici donc en France, à Paris. À Roissy, plus exactement. Toute jeune, toute naïve. Il fait froid. C'est ma première impression, pas franchement agréable, il est vrai. Un froid inconnu, sec et agressif, qui me pénètre jusqu'aux os. Rien à voir avec la fraîcheur humide de Dakar pendant la saison sèche, de novembre à juin ! À côté de Pape, dans la file d'attente de la douane, je tremble de la tête aux pieds. Pourtant, je m'y attendais. On m'avait prévenue. Mais peut-être n'est-on jamais vraiment préparé ? Pas facile d'imaginer une sensation que l'on ne connaît pas encore !

J'ai enfilé mon pull le plus chaud. C'est pratiquement le seul que j'ai, d'ailleurs. Un jean, des baskets, comme chez moi. Décontractée. Je touche mes cheveux noirs, défrisés, lissés, coupés au carré, à la Jackson Five. Pour une Africaine, le froid européen, c'est terrible. Ça casse les cheveux et les raccourcit de deux à trois centimètres. C'est pourquoi on utilise souvent des mèches postiches et toutes sortes de soins et d'artifices.

— Et c'est seulement le mois de septembre !... Tu vas voir en décembre, janvier, février, ce que c'est vraiment que l'hiver ! s'exclame Pape.

C'est à peu près sa première phrase depuis notre départ. Si c'était pour dire ça, j'aurais préféré qu'il continue de se taire ! Je n'aime pas penser au froid. Ça sonne comme une menace. J'essaie de me faire une raison : la plage, le soleil, la chaleur, c'était là-bas ; ici, je suis venue pour mes études. L'été prochain, je retournerai à Dakar passer les vacances. Dix mois ; ce n'est pas si long...

Une fois passée la frontière, ma tête se met à tourner. Tout est grand, propre, avec des lumières, des boutiques partout, des gens munis de panneaux qui attendent des inconnus. Et surtout tous ces Blancs partout ! Je n'en ai jamais vus autant. C'est ça, le plus bizarre pour moi : me retrouver soudain en minorité. Ça ne m'est jamais arrivé. Tout à coup, c'est moi qui ne suis plus dans la norme, c'est moi qui détonne dans le décor. Je ne me sens pas très à l'aise. Pourtant, ça aussi je le savais, j'avais essayé de l'anticiper un peu, mais ce n'est pas pareil lorsqu'on vit les choses pour de vrai.

Pape m'entraîne vers la sortie. Je me demande si Aïda est venue nous chercher. Je ne sais pas non plus si elle habite loin de l'aéroport. Pape ne m'a rien dit.

— On va prendre un taxi.

J'obéis sans poser de questions. Je suis tellement redevable à Aïda et à Pape. C'est si généreux de leur part de m'accueillir chez eux ! Du haut de mon 1,72 m, je dépasse un peu tout le monde. Une grande fille, mince, aux traits fins. Et noire. Pour la peau, je tiens de ma mère qui est plus claire que mon père. J'appartiens à l'ethnie des Sérères, même si à Dakar on me prend souvent pour une Toucouleur, ce qui est un compliment : les filles Toucouleurs, comme les Peuls, ont la réputation d'être plutôt belles. Mais les Sérères aussi de toute façon !

Belle ou pas, en tout cas, j'ai l'impression d'être une bête curieuse.

— À Saint-Germain-en-Laye, Bel Air, annonce Pape au chauffeur de taxi. Je vous indiquerai sur place.

L'homme grogne quelque chose et entasse tous nos bagages dans le coffre de sa voiture. En fait, ce sont plutôt les affaires de Pape. Moi, je n'ai qu'une seule valise avec trois fois rien dedans – deux jeans, des tee-shirts, des photos de famille, mon walkman. « Aïda te donnera de l'argent quand tu auras besoin de quelque chose », m'a dit ma mère.

Je ne connaissais pas Aïda. Mes parents non plus, d'ailleurs. De vue seulement, quand elle vivait encore à Dakar et travaillait avec l'ami d'enfance de ma mère. C'est comme ça en Afrique, une parole est une parole ! Aïda était quelqu'un de confiance. Elle appartenait à une bonne famille sénégalaise. Elle était belle, élégante, travailleuse, indépendante, intelligente. Elle avait étudié au Maroc avant de revenir à Dakar épouser Pape. Ensemble, ils s'étaient installés en France. C'est là qu'étaient nés leurs deux enfants. C'était tout ce que je savais. Et je ne suis pas sûre que mes parents en savaient beaucoup plus ! Mais ça n'avait aucune importance, la proposition d'Aïda leur avait semblé être un cadeau du ciel ! Quel cadeau !

Le chauffeur conduit en silence. Il a mis la radio. Je ne comprends rien… Les mots filent à toute vitesse, dans une langue qui me semble soudain étrangère. Chez moi on parle wolof, avec quelques mots de sérère. Le français, je le parle couramment, mais je l'ai appris à l'école ; c'est moins naturel. Et si ça se trouve, ce n'est peut-être pas le même français qu'ici ? J'ai quelques secondes de panique. Je jette un œil à Pape, qui s'est rendormi sur la banquette. Dehors, il y a un tout petit peu de soleil, mais ça ne suffit pas pour percer la couche de nuages qui plombe l'horizon. Partout, du vert, clair, foncé, des arbres. Une palette de couleurs nouvelles pour moi. Je n'ai pas bien compris où on allait. J'ai toujours cru qu'Aïda et Pape vivaient à Paris.

Le trajet me semble long. Je somnole un peu. Pape ne m'a rien dit, mais j'ai deviné à présent que nous n'allons pas dans Paris même. Au loin, tout à l'heure, j'ai aperçu la ville immense et ses monuments célèbres qui dépassent. J'ai vu la tour Eiffel. Ça m'a fait quelque chose : j'ai promis à Sophie que je monterai tout en haut pour jeter de là le petit ruban qu'elle m'a donné avant mon départ et que je garde précieusement, pour l'instant, toujours sur moi. Sophie, c'est ma grande sœur, et elle souffre du cœur.

Nous passons devant de grosses maisons en pierre recouvertes de lierre et de vigne, avec de grands terrains. Bientôt, un gigantesque château apparaît. Je pousse un petit cri.

— Le château de Saint-Germain-en-Laye, bredouille Pape, qui se réveille. C'est là qu'on vient avec les enfants pour le feu d'artifice du 14 Juillet.

Alors on ne doit plus être bien loin ! C'est riche ici, c'est bourgeois. Aïda a bien réussi sa vie. Pape porte un costume de marque, des lunettes de marque, des chaussures de marque. Il sent le fric de la tête aux pieds. Je me demande comment va être leur maison.

J'aperçois de petites rues pavées, des magasins, une place de marché. C'est peut-être là ? Mais le taxi poursuit sa route et traverse la ville. Le paysage se vide peu à peu. Plus de restaurants, plus de boutiques. À la place, de hauts bâtiments gris et tristes, regroupés les uns contre les autres. Nous montons, redescendons comme sur des montagnes russes. La ville est très vallonnée. Il n'y a pas mal d'espaces verts, c'est déjà ça ! Le reste n'est pas très beau et le béton, je l'avoue, me fait un peu peur.

Je commence à avoir de nouveau mal au cœur...

La voiture s'arrête. Ouf ! Nous nous retrouvons au pied d'un immeuble. Je compte huit étages.

— C'est au troisième, dit Pape quand le taxi s'en va.

Nous voilà sur le trottoir, entourés de valises. Dans la rue, personne. Il fait toujours aussi froid. Il est tôt, entre 8 et 9 heures du matin.

Nous sommes arrivés.

Il y a deux appartements par étage. Au troisième, Pape sonne à la porte de droite. Et qui nous ouvre ? Awa ! Ça alors ! Je ne m'y attendais pas du tout ! Awa est de Dakar comme moi et on peut dire qu'elle est de ma famille (pour simplifier, c'est une sœur de ma mère – en Afrique on n'aime pas trop parler de « demi-frère » ou de « demi-sœur »).

Awa est un peu plus âgée que moi. Elle doit avoir 20 ou 21 ans, quelque chose comme ça. Elle est grande elle aussi, fine, douce, sérère. Comme moi, elle est venue finir ses études en France il y a trois ans. Elle est hébergée par la sœur d'Aïda, qui s'appelle Fatou et vit seule avec son fils dans le XIIIe arrondissement de Paris. C'est drôle de retrouver Awa là, maintenant ! En réalité, c'est Aïda qui lui a demandé de venir pour nous accueillir car, aujourd'hui, nous sommes lundi : elle travaille et les enfants sont à l'école.

Awa me serre dans ses bras et me bombarde de questions sur la famille, les amis, Dakar.

À vrai dire, je ne lui ai pas du tout trouvé bonne mine à Awa, je m'en souviens bien. Elle était maigre et nostalgique. Le Sénégal avait l'air de lui manquer énormément. Elle n'était pas rentrée depuis trois ans. Je ne savais pas pourquoi. En fait, c'est moi qui aurais dû l'interroger sans attendre. Si seulement je l'avais fait… Mais j'étais trop fatiguée par le voyage, trop étourdie par tous ces changements, trop agressée par le froid extérieur. Je n'avais pas envie de parler.

À peine entré dans l'appartement, Pape va se laver pour faire ses prières. Ensuite, il part directement se coucher.

— De toute façon, il ne fait jamais rien, me murmure Awa avec un pauvre sourire. Rien ! Il dort, mange et dépense l'argent de sa femme. Un macho de premier ordre. Il est très sympa, mais il ne faut pas trop compter sur lui. De toute façon, tu verras, il est souvent parti. Il ne supporte pas l'hiver.

Il ne s'agit donc pas d'une maison. Ni de Paris. Mais d'un simple appartement, au fond d'une banlieue éteinte. Un appartement d'environ quatre-vingts mètres carrés avec assez peu de meubles et de très grands tapis marocains qui m'angoissent aussitôt. Je déteste les tapis, ces repères d'acariens ! Je suis très sensible à l'hygiène, c'est vrai. Plus que sensible même : maniaque, obsessionnelle. Je repère la moindre poussière, la plus petite miette de pain qui a le malheur de traîner, même à plusieurs mètres de moi. C'est instinctif, un réflexe, je ne sais pas pourquoi. J'ai toujours été comme ça. Comme je suis allergique, je reste toujours extrêmement vigilante à tout. La propreté, c'est plus fort que moi. Je ne supporte ni la saleté ni la fumée de cigarette. Fumer est de toute façon interdit par l'islam.

Or je suis croyante et pratiquante.

Dans le salon, il n'y a qu'une grande télé, une chaîne hi-fi et des canapés en cuir. Le balcon donne, semble-t-il, sur un gros arbre feuillu. Je le devine malgré les gros rideaux blancs qui cachent les fenêtres. Je vérifierai une autre fois. Pour l'heure, je n'ai pas du tout envie d'aller regarder dehors.

— Si tu veux, tu peux aller te reposer, toi aussi. Je vais te montrer ton lit, me propose Awa.

Il y a trois chambres : celle de Pape et d'Aïda, celle des enfants, et une pièce qui sert de bureau et de rangement. Bizarrement, Awa me conduit à la chambre des enfants. Elle me montre un canapé-lit, d'une place, dans un coin. Et une commode avec deux tiroirs seulement, vides. Le sol est couvert de jouets. À l'autre bout, il y a des lits superposés.

J'étais un peu surprise. Il allait donc falloir que je dorme dans la même pièce que les deux petits ! Bon... C'était comme ça. De toute façon, j'avais l'habitude. Pour être franche, je dirais même que je préférais. Je n'avais jamais eu de chambre à moi toute seule. Ça n'existe pas en Afrique. À Dakar, j'avais partagé la mienne avec Sophie et Late, mes sœurs, qui ont onze et quatre ans de plus que moi. Alors je n'allais pas faire de manières ! Aïda était déjà bien gentille de me recevoir chez elle sans aucune contrepartie. Je ne devais pas faire la difficile, ni être ingrate. Je n'avais pas le droit d'être déçue.

Je suis si fatiguée que je m'endors en une seconde.

II

À mon réveil, j'ai besoin de quelques minutes pour réaliser où je suis et me souvenir du voyage que j'ai fait pendant la nuit. J'ai une sensation étrange, pas très agréable : faim, envie de vomir, je ne sais pas. C'est peut-être ça le décalage horaire, le décalage tout court ! Quelle heure peut-il bien être ?

Awa est devant la télé. Elle me propose de manger du poulet avec des petits pois et des carottes qu'elle a préparés pour les enfants. C'est terrible, ça n'a aucun goût ! Comme le repas qu'on nous a donné dans l'avion ! Moi qui suis habituée aux plats très relevés de chez nous, j'ai l'impression qu'à partir de maintenant tout va me sembler vraiment fade. On dirait que les Sénégalais qui vivent ici ont perdu leur amour des épices. Pourquoi ?

— Je vais chercher les enfants, annonce Pape en se traînant hors de sa chambre.

Il est 16 h 30. C'est seulement l'après-midi. Aïda ne rentrera pas avant 21 heures, comme tous les soirs. Elle est secrétaire de direction dans une grande entreprise américaine à La Défense. Elle doit prendre le RER jusqu'à Saint-Germain-en-Laye, puis le bus jusqu'ici. C'est Awa qui me donne tous ces détails, ces mots, RER, La Défense, etc., ces noms de lieux.

Pour moi, ça ne veut rien dire.

Je demande à Awa quand Aïda voit ses enfants. Elle me répond « un peu le soir, et surtout le week-end ».

— C'est Pape qui s'occupe d'eux ?

— Quand il est là.

— Et quand il n'est pas là ?

Awa reste silencieuse. Son regard fixe les images d'un clip vidéo à la télévision. Je trouve qu'elle a l'air triste. On dirait qu'elle n'a aucune force, qu'elle est toute molle à l'intérieur. Un véritable somnambule, un automate. C'est bizarre, quand même ! Je devrais lui poser des questions, profiter de l'absence de Pape pour l'interroger sur sa vie à elle, ce qu'elle a fait depuis trois ans, où elle en est avec ses études, etc. Mais quelque chose me retient de le faire. Je ne sais pas pourquoi.

Et si tout n'était pas aussi rose que prévu ? Je frissonne. Le silence s'installe entre nous.

Un silence inquiétant.

Comment n'ai-je pas eu tout de suite la puce à l'oreille ? Pourquoi n'ai-je pas écouté le petit signal d'alarme qui venait de se déclencher en moi ? Parce que j'ai bien vu pourtant, immédiatement, qu'il y avait quelque chose qui clochait ! Mais j'ai fait l'autruche. Moi, la première, je n'ai pas voulu croire qu'il pouvait y avoir un problème. Un gros problème !

Je me ressaisis en un instant. Awa a le mal du pays, elle traverse une petite période de déprime et mon arrivée lui rappelle Dakar et la famille. Ou bien il y a autre chose, un problème qui la concerne elle, et elle seule. Je ne veux pas savoir, pas maintenant, pas aujourd'hui.

Je change de sujet et demande l'âge des enfants. L'aîné, Moussa, a 7 ans et vient d'entrer au CE1. C'est un garçon capricieux, difficile. Avec les horaires de travail de sa mère et son père qui n'est jamais là, il est devenu impossible, me confie Awa. Il est mal élevé, impoli, désobéissant et irrespectueux, ajoute-t-elle.

Ça promet !

Peut-être qu'elle exagère un peu ?.... Mais, dès son arrivée, je m'aperçois que non. Moussa ne prête même pas attention aux jouets que Pape lui a rapportés de Dakar. Il les tripote deux minutes et attrape le goûter que lui tend Awa sans dire merci. Puis il se dirige droit vers la télé en laissant tomber son cartable au beau milieu de la pièce. Il me dit bonjour du bout des lèvres et m'ignore aussitôt. Je suis choquée. Mon père n'aurait jamais toléré ce genre d'attitude. Mais puisque tout le monde a l'air de trouver ça normal...

Ça commence bien ! Si c'est comme ça, la cohabitation risque d'être compliquée ! Je n'aime pas beaucoup l'impolitesse. Je sens que je vais avoir du mal à supporter Moussa. Heureusement, la petite, Mama, qui a 4 ans, est plus douce que son frère. Au contraire, elle cherche l'affection et l'attention des adultes. C'est normal, c'est une toute petite fille encore, en moyenne section de maternelle, trop souvent livrée à elle-même. Elle reste collée à son père un moment avant de se jeter sur Awa pour faire des câlins. Elle m'observe de ses grands yeux noirs, sérieux, presque graves, et finit par me sourire timidement. Je lui rends son sourire. Son visage s'éclaire. Elle est mignonne.

Je suis un peu soulagée.

Pape est parti chercher Aïda en voiture. C'est inhabituel, d'après Awa. Pour son retour, il veut lui faire la surprise. Il a peut-être quelque chose à se faire pardonner ?

— Ou bien il veut lui taper de l'argent, chuchote-t-elle.

Je la regarde se démener dans la maison sans s'arrêter une seconde, de la chambre à la salle de bains, de la salle de bains à la cuisine. Super efficace ! À 20 h 30, les enfants sont douchés et en pyjama. Ils ont dîné, se sont brossé les dents et Moussa a fait ses devoirs – en grognant, mais il les a faits. Sous prétexte d'attendre leurs parents, ils refusent d'aller se coucher. Plusieurs fois Moussa a été insolent avec Awa. Il l'a prise de haut comme si elle était à son service et que tout lui était dû à lui, petit tyran de 7 ans. Je me suis retenue d'intervenir. « Pas le premier soir, Salima, pas le premier soir », je me suis répétée dans la tête.

Les deux gamins se sont vautrés à nouveau devant la télé. Awa hausse les épaules et retourne dans la cuisine faire la vaisselle.

Je la trouvais drôlement sympa d'aider Aïda à ce point ! Mais je me disais que c'était exceptionnel. À cause de mon arrivée. Et puis Aïda et sa sœur étaient si « généreuses » avec nous qu'on pouvait bien leur rendre « service » de temps à autre. Voilà ce que je croyais, dans mon innocence d'alors. Je me rappelle avoir même pensé que j'aurais probablement fait pareil à sa place !

Aïda arrive enfin. C'est une femme vraiment belle, un peu métissée, très élégante. Elle a les traits fins d'une Marocaine et les rondeurs d'une Sénégalaise. Elle fait très *business woman* américaine, comme on voit dans les films, avec un carnet et un stylo à la main, impeccablement maquillée, en tailleur ajusté, perchée sur de hauts talons. Un peu plus en chair que les actrices de Hollywood, mais bon… Impressionnante. Elle est immédiatement chaleureuse et pleine d'attentions à mon égard.

— As-tu fait bon voyage ? Fatiguée ? Et ta famille ? Pas trop le blues ?

Elle me propose d'appeler mes parents et compose le numéro du portable de mon grand frère (car mes parents n'ont pas le téléphone). C'est étrange d'entendre la voix de ma mère surgir dans cette pièce, ici.

— Allô ? Allô ? Salima ? C'est toi ?

Ma mère hurle dans le téléphone, comme si, ainsi, elle pouvait couvrir la distance. Elle a peur que je ne l'entende pas de si loin ! Comme je ne veux pas abuser de la gentillesse d'Aïda, je fais très vite. La conversation ne dure pas longtemps. Je n'ai pas envie non plus d'être trop émue de la savoir si loin de moi.

— Il est temps d'aller dormir, dit Aïda en me voyant me frotter les yeux. Awa va rester quelques jours afin de te tenir un peu compagnie, le temps que tu t'habitues, que tu prennes tes marques, car je travaille toute la journée, s'excuse-t-elle avec un sourire.

Comme c'est sympa de sa part d'avoir pensé à ça ! Je la trouve vraiment chouette, Aïda. Je suis sous le charme.

Elle me sert dans ses bras et m'embrasse.

— Bonne nuit, Salima. Bienvenue en France ! On parlera de tout le reste plus tard. Repose-toi. Fais de beaux rêves.

Et au moment où j'entre dans la chambre tout doucement, pour ne pas réveiller les enfants qui ont fini par aller se coucher, elle me retient par le bras et chuchote :

— Ah, Salima, j'oubliais... Tu me donneras ton passeport, ton visa, ton permis de séjour, tout, pour que je les mette en lieu sûr. Si tu les perdais, ce serait très grave, tu serais hors la loi. On te prendrait pour une clandestine... Et ici, on n'aime pas trop les étrangers sans papiers... OK ?.... Allez, bonne nuit, à demain.

Je venais de tomber dans le piège ! Évidemment, je ne m'en rendais pas compte. Comment aurais-je pu savoir, deviner ? Je faisais confiance, c'est tout. Je me souviens très bien de ces premiers jours. Je n'ai rien oublié. Mais pourquoi Awa ne m'a-t-elle rien dit alors ? Pourquoi ?

Aïda part tôt et rentre tard. Je la croise à peine. Cette première semaine, c'est Awa et moi qui emmenons les enfants à l'école tous les jours – enfin, la petite plus exactement, car Moussa se débrouille tout seul. Ce n'est pas loin, heureusement, il n'y a qu'à traverser la rue. C'est aussi Awa et moi qui allons chercher Mama tous les soirs et qui les conduisons, son frère et elle, le mercredi à leur centre aéré. C'est encore nous qui nous occupons de les faire goûter, dîner, etc. Awa dort sur le canapé du salon.

En général le samedi, m'explique-t-elle, Aïda fait le plein pour la semaine dans un hypermarché du coin. Du coup, il y a des réserves et nous n'avons pas besoin de sortir faire les courses.

C'est déjà ça !

Chaque jour, Aïda nous téléphone à un moment ou à un autre pour nous demander si tout va bien.

C'est gentil.

— Elle veut surtout vérifier que nous ne nous sommes pas sauvées, lâche brusquement Awa le vendredi.

Mon corps se paralyse d'un coup. Je le sens se glacer comme si on l'avait soudain transporté au milieu de la banquise. Je fixe Awa avec effroi. Que dit-elle ? Qu'est-ce que cela signifie ?

Elle me sourit. Je respire. C'était une simple plaisanterie. Bien sûr que c'était une plaisanterie ! C'est vrai que nous ne sommes pas du tout sorties de la semaine. À part pour les allers-retours à l'école de Mama, mais ça ne compte pas beaucoup, c'est à cinquante mètres. Tout est froid dehors, tout est mort ! Ces hauts immeubles gris et ces quelques espaces verts artificiels ne donnent pas envie. Il n'y a rien d'autre, personne. Ils appellent ça une banlieue dortoir. Les gens rentrent chez eux de leur travail, le soir, pour dormir. La journée, sauf au moment des trajets d'école, il n'y a pas un chat dans les rues.

C'est très différent de l'Afrique, vraiment ! À Dakar, on vit portes et fenêtres ouvertes, il y a toujours de l'animation, du bruit, du mouvement. On entre chez les uns et les autres, on rend visite sans prévenir. L'arbre à palabres ne reste jamais tout seul abandonné. Ici, où je suis depuis bientôt une semaine, je n'ai encore rencontré personne. Ici, on ne connaît même pas ses propres voisins !

C'est étrange, quand même !

Je passe donc ma première semaine en France quasiment tout le temps sur le canapé d'Aïda à regarder des clips à la télé et à aider Awa qui s'agite dans l'appartement, pendant que Pape émerge de son sommeil uniquement pour passer des coups de fil où il est question d'Allemagne et de voitures Mercedes.

Pour ce que j'ai compris.

— Il trafique, m'apprend Awa un après-midi où on fait une petite pause avant d'attaquer une montagne de linge à repasser.

Pape s'est enfermé dans sa chambre. Pour la sieste.

— Il trafique ? Qu'est-ce que tu veux dire ?

— Il ne travaille pas, tu as bien vu. C'est Aïda qui rapporte l'argent à la maison. Mais elle est très endettée. Tu n'as pas remarqué qu'ils ne possèdent presque aucun meuble ? Monsieur a des goûts de luxe...

— Et donc ?

Awa lance des regards furtifs et inquiets du côté du couloir. Elle murmure, vite, sans reprendre son souffle :

— D'après ce que je sais, il achète des voitures à bas prix en Allemagne – il doit avoir un intermédiaire –, il les revend en France beaucoup plus cher et touche la différence qui n'est pas petite, tout ça cash, ni vu ni connu. Comme ça, il n'a pas besoin de se lever le matin et il peut s'en aller passer l'hiver à Dakar pendant qu'Aïda bosse du matin au soir. C'est du fric tout cuit qui lui tombe dans les mains, la belle vie, quoi…

— Ce n'est pas légal ?

— Bien sûr que non. Rien n'est déclaré.

Nous restons silencieuses un moment, pensives. Puis Awa se lève pour continuer le travail.

Je lui attrape le bras et lui demande :

— Mais… Aïda, elle est au courant ? Elle accepte ça ?

Awa me jette un regard presque surpris.

— Aïda ? Aïda ferme les yeux sur tout ce que fait Pape. Elle lui est complètement soumise. Elle est folle de lui. Il en fait ce qu'il en veut.

Une femme si belle, si intelligente ! C'est fou comme l'amour rend aveugle ! Je me promets que je ne me ferai jamais avoir. Que mon mari ne me manquera pas de respect et qu'il me traitera bien, avec dignité. En même temps, c'est facile à dire, je ne connais pas l'amour, je ne suis jamais tombée amoureuse. De toutes petites historiettes à Dakar, des flirts sans importance, pour faire comme tout le monde, pas de quoi fouetter un chat ! Moi, j'attends le bon. Je rêve du grand, du vrai, du seul amour. Mon mari, le père de mes enfants, celui à qui je donnerai ma virginité. Comment sera-t-il ? Je l'ignore. Je ne parviens pas à l'imaginer avec des traits précis. Je n'ai pas de modèle. Je sais seulement que ce sera un Noir, très probablement. Je n'arrive pas à me projeter avec un Blanc. *A priori*. Mais je ne voudrais pas d'un type comme Pape, macho au possible et noir comme du charbon. Le gamin tient de lui, pour la peau ; chez la petite, c'est plutôt le côté de sa mère qui l'a emporté, elle est plus claire.

Enfin, chacun ses problèmes.

Pape, c'est le problème d'Aïda, pas le mien !

En tout cas, à la fin de cette première semaine en France, je n'avais pas beaucoup bougé. J'avais sans doute besoin de rester à l'intérieur de l'appartement, de me barricader comme dans une coquille avant d'affronter le monde, moi, noire de peau, grande, étrangère, plutôt très jolie (d'après les garçons de Dakar), avec un accent d'ailleurs, des lèvres ourlées et des yeux tellement soulignés naturellement qu'on croirait qu'ils sont maquillés.

Mais à présent, j'étais là, et je devais remplir ma mission, ce pour quoi j'étais venue. J'y croyais dur comme fer ! J'avais mis tant d'espoirs dans ce voyage ! Comment aurais-je pu soupçonner que tout n'était qu'un horrible guet-apens ?

III

— Il faut attendre, me prévient Aïda. Ici, ce n'est pas comme chez nous. Il n'y a pas de place au lycée pour le moment.

C'est le week-end. Awa est repartie vendredi soir chez Fatou, la sœur d'Aïda. J'ai très peu vu Aïda pendant la semaine. Juste le soir, toujours aimable, toujours souriante et aux petits soins avec moi, mais épuisée par sa longue journée de travail. Et je crois qu'elle avait envie de se retrouver en tête à tête avec Pape. C'est normal. J'avais peur de déranger. Du coup, je n'ai pas osé une seule fois aborder la question de mes études. J'allais me coucher assez tôt. À vrai dire, je me sentais fatiguée moi aussi à cause du rythme des enfants.

« Il faut attendre », disait Aïda, et je la croyais. Je n'objectais rien. Elle connaissait la France, pas moi. Elle vivait là depuis longtemps, pas moi. Elle avait de l'expérience en tout, pas moi. Je ne pouvais pas remettre sa parole en cause. Pourquoi aurait-elle proposé à mes parents de m'héberger chez elle, alors ? Elle ne m'aurait pas fait venir sans raison ! Je n'avais pas le droit de me plaindre, de protester. Aïda était ma bienfaitrice. Elle trouverait bien une solution.

Tant pis si la rentrée était déjà derrière nous.

Je passe tout le samedi devant la télé avec les enfants. C'est le seul truc qui calme vraiment Moussa. Sinon, c'est vite l'enfer avec lui. Il est d'un sans-gêne, d'une grossièreté ! Aïda part faire des courses mais ne me propose pas de l'accompagner. Pape traîne dans l'appartement en donnant quelques coups de fil. Un samedi un peu morose, il faut reconnaître. J'espère qu'ils ne seront pas tous comme ça ! J'évite de penser à Dakar, à la joie de vivre de Dakar, à mes parents, à mes frères et sœurs, à mes amies, au soleil, à la plage, à ma jolie maison, à l'allégresse et à l'insouciance d'où je viens. Je me focalise sur l'idée qu'un jour je retournerai là-bas avec un beau diplôme en poche et que l'on me fêtera comme une reine. Je deviendrai styliste, j'épouserai un Dakarois de bonne famille et nous aurons quatre enfants !

En attendant, c'est l'automne, maussade, triste, derrière les voilages jaunis de la salle à manger d'Aïda.

Les heures s'écoulent, lentes et sinistres.

Le dimanche, Aïda me demande avec un grand sourire si je veux bien la coiffer. C'est comme ça, chez nous. Entre filles, entre femmes, on se coiffe les unes les autres. On se maquille. Ça coûte beaucoup moins cher. Ce sont des services qu'on se rend volontiers, même si c'est très long et assez contraignant. Bien entendu, j'accepte. De toute façon, je ne vois pas comment je pourrais refuser. Je dois tellement à Aïda qui est si belle ! Et elle est si gentille avec moi !

Alors je la coiffe, pendant des heures, puis c'est au tour de Mama qui veut des tresses. Je ne dis rien. Au fond, ça m'occupe.

Le soir, une fois les enfants couchés, Aïda pose ses yeux magnifiques sur moi et me demande d'une voix douce une « faveur » :

— Ça t'ennuierait de me dépanner cette semaine avec les enfants ? Parce que tu as vu, avec mes horaires, c'est compliqué pour moi, et Pape... Pape... c'est un homme, il n'a pas vraiment le sens des réalités !

Elle éclate de rire. Je ne comprends pas pourquoi. Personnellement, je ne trouve pas ça très drôle.

— Ça m'aiderait vraiment... que tu emmènes Mama à l'école et que tu ailles la rechercher. Que tu t'occupes un peu d'eux le soir... Tu as bien vu ce que faisait Awa... Ce n'est pas difficile... Tant que tu n'as pas commencé tes cours... Après, on trouvera une autre solution. D'accord ? Tiens, voilà un peu d'argent pour tes besoins personnels. Il y a un centre commercial, là, dehors, à deux pâtés de maisons sur la gauche.

Aïda me donne deux billets de cent francs et me serre dans ses bras. Comme je ne connais pas bien la monnaie française et que je compte encore en francs CFA, je ne vois pas vraiment combien ça représente. Mais je la remercie plusieurs fois avant d'aller me coucher.

Je mets un temps fou à m'endormir.

Je me sentais nerveuse, mal à l'aise. Les choses ne se passaient pas tout à fait comme prévu. Je n'avais pas envisagé de jouer les baby-sitters, surtout avec un enfant comme Moussa... Il était si pénible ! J'avais envie de lui mettre une fessée toutes les deux minutes ! Je tentais de me persuader que c'était juste un contretemps. Dès que je serais au lycée, ça irait mieux. Tout changerait.

Mon réveil sonne à 7 heures. J'ai du mal à me lever car je ne dors pas très bien à cause de Mama qui fait des cauchemars et parle la nuit. Comme mon lit n'est pas loin du sien, ça me réveille, plusieurs fois, et ensuite j'ai du mal à me rendormir. Alors, le matin, c'est dur. Je vais prendre mon petit déjeuner dans la cuisine, mais en général je ne mange pas grand-chose. Question nourriture, rien ne me plaît ici. J'ai beau me forcer, je perds l'appétit de jour en jour. Je croise à peine Aïda qui court d'une pièce à l'autre en finissant de se préparer. C'est elle qui réveille les enfants juste avant de partir. Après, c'est moi qui prends le relais. Je prépare leur petit déjeuner, je les aide à s'habiller, à se brosser les dents... Je vérifie que le cartable de Moussa contient bien ses affaires du jour – dessin le mardi, sport le jeudi, musique le vendredi. Pendant tout ce temps, Pape reste au lit. Il se lève simplement au moment où nous partons pour embrasser les enfants.

En général, il retourne se coucher juste après !

Dans la rue, je finis vite par voir toujours les mêmes personnes ; les mêmes mamans qui emmènent leurs petits à la maternelle ; les mêmes papas pressés en costume. Moi, personne ne me regarde, personne ne me dit bonjour. Je suis noire. Je ne suis pas une maman. Ici, on n'est pas en Afrique. On ne se parle pas aussi facilement, sans raison. Je laisse Mama à la porte de l'école. Elle m'embrasse gentiment, mais sans chaleur. À mon avis, elle se demande qui je suis, ce que je suis venue faire. Et combien de temps. Elle ne comprend pas vraiment quelle est ma place, mon rôle auprès d'elle, et si ça va durer longtemps. C'est normal... Je me pose moi-même beaucoup de questions ! Elle ne veut peut-être pas s'attacher ? Il y a sans doute eu d'autres filles avant moi qui se sont occupées d'elle et qui ont fini par partir ? C'est dur pour un enfant.

Quand je rentre, je passe un long moment à ranger l'appartement, la chambre des enfants, la salle de bains, la cuisine, la salle à manger laissée sens dessus dessous la veille. Aïda ne me l'a pas explicitement demandé, mais ça tombe sous le sens. Qui le ferait, sinon moi ? Et puis j'aime autant que ça soit propre. Comme je l'ai dit, je ne supporte vraiment pas la saleté. Je fais donc le ménage et la vaisselle, le repassage, puis je prépare le repas du soir. Il y a toujours quelque chose à faire. Ça ne s'arrête jamais. Ce n'est pas plus mal. Je préfère être active plutôt que tourner en rond. Quand je m'arrête un instant, j'allume la télévision et m'enfonce dans le canapé du salon.

Et là, ça n'allait plus. Il se passait une chose bizarre, comme une grande fatigue triste qui m'envahissait et me paralysait. Je ne pouvais plus bouger. J'avais soudain peur de tout : peur de sortir, peur d'être là, de rester en France, de repartir au Sénégal... Je songeais à l'année scolaire qui avait commencé sans moi... J'étais perdue, j'avais envie de pleurer. Une fois, d'ailleurs, je me suis mise à sangloter comme une madeleine, comme ça, sans raison particulière. Je ne pouvais plus m'arrêter. J'en étais la première surprise. Je pensais qu'il y avait quelque chose dans tout ça – cette situation, l'attitude d'Aïda - qui n'était pas normal... Me disait-elle la vérité ? Combien de temps allions-nous rester comme ça ?

Et quand j'aurais repris les cours, qui s'occuperait des enfants à ma place ?

Je ne sais pas très bien ce qui se passe entre Aïda et Pape, mais elle n'est pas heureuse, c'est certain. Ils se disputent. Plusieurs fois, je l'ai entendue pleurer dans la cuisine, tard le soir. C'est aussi pour cela que je n'ose pas trop revenir à la charge. Quand elle me téléphone pendant la journée, je lui dis que ça va. Qu'est-ce que je peux lui dire d'autre ?

Je traîne dans l'appartement avec la télé allumée en permanence. J'écoute de la musique africaine. Je prie. Je sais qu'Elle me protège...

Elle… c'est ma jumelle, née deux minutes avant moi et morte quelques heures plus tard. D'Elle, je ne sais rien d'autre. Ma mère ne m'a jamais parlé d'Elle et j'ai compris que le sujet resterait tabou entre nous. Ma mère n'aime pas remuer le passé. Elle estime que, la plupart du temps, c'est inutile et douloureux. Qu'il faut regarder devant soi. Ce sont mes deux autres sœurs qui m'ont appris un jour que j'avais eu une jumelle, et que cette jumelle n'était plus là. Au fond, ça ne m'a pas étonnée. Je le savais. J'en avais l'intuition, car je sens qu'Elle est là, et qu'Elle sera toujours là. Parfois, c'est le contraire justement, je ressens son absence, le manque d'Elle. Quand on a une jumelle, c'est pour toujours, quoi qu'il arrive.

Alors, surtout à cette époque où j'étais si seule, je lui parlais, je la sentais avec moi, autour de moi, complètement soudée à moi, et j'avais envie de me blottir contre Elle, comme quand nous étions dans le ventre de notre mère, envie de ne faire plus qu'une avec Elle. Dans ces moments-là, je me sentais soudain moins fragile, je retrouvais un peu de force, je reprenais confiance.

Et j'étais persuadée que personne ne pourrait me faire de mal.

Je commence à perdre la notion du temps. Ça doit faire à peu près trois ou quatre semaines que je suis arrivée en France, je ne sais plus très bien. Au début, les journées passaient lentement. J'avais l'impression de voir les minutes défiler quasiment une par une. Je les entendais tomber comme des gouttes. Je les sentais vibrer dans tout mon corps. Maintenant, c'est différent. Je ne me rends plus vraiment compte. C'est comme être en apesanteur, dans une bulle, anesthésiée.

Je n'arrive pas très bien à définir ce que je ressens.

Aïda a pris mes papiers. Pour les mettre en lieu sûr – c'est ce qu'elle a affirmé. Pape est parti. Je ne me rappelle pas quand c'était. Pour le peu que je le voyais, ça n'a pas changé grand-chose. Je crois que si Aïda ne me l'avait pas dit, je ne l'aurais peut-être pas remarqué ! Enfin si. Je l'aurais noté à cause d'Aïda, justement, qui n'est plus aussi aimable et souriante avec moi qu'au début. Elle ne me propose plus de téléphoner à mes parents, ne me parle pas beaucoup. Et surtout, elle ne fait jamais la moindre allusion au lycée !

Moi, je n'ose pas trop aborder le sujet. Quand Aïda rentre le soir, elle est tendue, nerveuse. Elle ne sourit plus. À présent, quand elle a besoin de me demander « un service », elle n'y va pas par quatre chemins. Elle est de moins en moins polie ! Moi qui la prenais pour une grande dame... Je suis un peu déçue. Du coup, j'essaie de lui trouver des excuses. Elle a beaucoup de soucis. Papc l'a peut-être abandonnée ? Où est-il parti ? À Dakar ? Avec qui ?.... Pape n'a pas l'air du genre monogame. Et s'il avait une autre épouse ? La laisser comme ça avec deux enfants ! Aïda a bien des raisons d'être de mauvaise humeur. C'est pour cela que je la plains et que j'obéis sans rien dire. J'essaie d'être le plus discrète possible. Mais Moussa est odieux avec moi. Il me répond, ne m'écoute pas. Il me provoque avec insolence et finit par m'insulter.

C'est plus fort que moi. Un jour, ça part tout seul, impossible de me retenir : je le gifle de toutes mes forces. Le gamin est interloqué. Il porte la main à sa joue qui rougit à vue d'œil.

— Je vais le dire à ma mère ! finit-il par crier, fou de rage, humilié. Et ma mère, elle va pas être contente... Tu vas voir ce que tu vas prendre !

Je hausse les épaules. Ça, c'est la meilleure ! À sa place, je ne serais pas particulièrement fière de moi et je n'irais pas tout raconter à mes parents ! Mais Aïda n'a pas les mêmes idées que moi en termes d'éducation. Elle défend presque toujours ses enfants. Comme elle ne s'occupe pas beaucoup d'eux, c'est une manière pour elle de se sentir moins coupable, j'imagine.

De se rattraper.

— Non mais ça ne va pas ! Pour qui tu te prends ? Qu'est-ce que tu crois ?

Aïda se précipite vers moi, le visage méchant. Elle est rentrée depuis deux minutes et Moussa lui est tombé dans les bras en pleurnichant.

Je prends tout mon courage à deux mains pour l'affronter et lui dire qu'il m'a insultée. Que je ne peux pas le laisser m'injurier.

— Ce n'est pas une raison pour le frapper ! Je t'interdis de toucher à mes enfants ! Tu m'entends ? Ça ne se passera pas comme ça ! Je t'interdis !

Je n'insiste pas. Aïda est hystérique. Je sais que, sur ce terrain, je ne gagnerai pas la partie. Jamais. Maintenant que je commence à la connaître un peu mieux, je découvre que c'est une femme frustrée, amère. Ce n'est peut-être pas la vie dont elle rêvait... S'enterrer au cœur d'une banlieue grise, dans un pays étranger, travailler du matin au soir pendant que son mari prend du bon temps... avec une autre... Pas très drôle, en effet.

Au fond, je la plaignais. Alors ce soir-là, j'ai préféré ne rien dire et attendre que l'orage s'en aille. Ce n'était pas le bon moment pour la relancer sur la question de mes études.

IV

Le week-end, nous allons chez Fatou, la sœur d'Aïda, qui vit à Paris. C'est la première fois depuis mon arrivée que je sors pour de bon de l'appartement.

En fait, un matin j'avais dû aller au centre commercial à une centaine de mètres de là, mais je tremblais de la tête aux pieds et j'étais rentrée aussitôt m'enfermer à double tour. Depuis qu'Aïda m'avait dit que les Français n'aimaient pas les clandestins, j'étais terrifiée à l'idée qu'un policier m'arrête et me demande mes papiers…

Quand nous arrivons à Paris, je suis affreusement déçue. La ville que j'avais envie de voir, je ne la vois pas. Fatou vit dans un deux-pièces pratiquement sur le périphérique, en plein quartier chinois ! Tout me paraît laid, lugubre, bruyant, sale, étouffant.

Pour rien au monde je ne voudrais habiter ici !

Awa me semble aussi malheureuse que la dernière fois. Elle ne parle presque pas. Les seuls moments où son visage s'éclaire, c'est quand le fils de Fatou, Abou, vient lui faire un câlin. Abou a 5 ans. Awa et lui sont très liés, c'est flagrant. Je comprends vite pourquoi. Fatou est horrible. Elle est méchante, fausse, fourbe, égoïste, sans aucune douceur ni générosité. Elle traite Awa comme un chien, vraiment. Je crois qu'elle est jalouse parce qu'Awa est belle, jeune, et qu'Abou lui montre plus d'affection qu'à elle, sa propre mère. Mais elle l'a bien cherché ! Elle ne s'occupe absolument pas de lui et passe son temps à lui crier dessus !

— C'est depuis que le père du petit l'a quittée qu'elle est comme ça, me chuchote Awa à un moment où nous sommes toutes les deux dans la cuisine minuscule. Le gosse avait 2 ans. En réalité, c'est moi qui l'ai élevé. Elle, elle en veut à la terre entière.

— Comment fais-tu pour supporter cela ?

Awa ne me répondait pas. Elle baissait la tête et s'enfermait dans son silence habituel. Il y avait quelque chose qui n'allait pas ! Ce n'était pas normal ! Cette fois, je voulais comprendre !

Je lui attrape le bras et la secoue.

— Awa, comment fais-tu pour supporter cela ? Pourquoi restes-tu ici ? je lui demande un peu brusquement, mais en faisant attention à ne pas trop élever la voix.

Elle me répond qu'elle n'a pas le choix.

— Comment ça, pas le choix ?

Awa baisse encore plus la tête. Son comportement est si étrange… Je ne comprends rien. Je commence à être très inquiète. Qu'est-ce que cela veut dire ? Qu'est-ce qu'elle raconte ? On est en France, un pays libre ! On a toujours le choix. Et d'abord, que fait-elle ici depuis trois ans, Awa ? Pourquoi ne parle-t-elle jamais de ses études ?…. J'ai de très sombres pressentiments.

— Awa, que se passe-t-il ? Pourquoi dis-tu que tu n'as pas le choix ?

Elle soupire et finit par relever ses beaux yeux de Sérère, si tristes, jusqu'à moi. On dirait qu'elle est sur le point d'avouer un crime épouvantable. Et qu'elle implore à l'avance mon pardon.

Qu'a-t-elle fait, bon sang ?

— Je suis prisonnière, murmure-t-elle en laissant retomber sa tête, au bord des larmes.

Je suis tellement choquée par sa réponse que je mets quelques secondes à réagir. Puis, c'est comme si on m'avait enfoncé une aiguille sous la peau. Je suis hors de moi.

C'est la panique.

— Mais qu'est-ce que tu dis ? Comment ça, tu es prisonnière ? Qu'est-ce que c'est que cette histoire ? Tu peux aller et venir, sortir quand tu veux de l'appartement. Tu n'es pas enfermée. Je ne comprends pas ! Awa, qu'est-ce qui t'arrive ?

— Je n'ai plus de papiers. Fatou me les a pris et elle les a cachés. Je les ai cherchés partout... Mais je n'ai rien trouvé. Mon visa a expiré depuis belle lurette. Je suis dans l'illégalité totale. Je suis coincée ! Prisonnière ! Je n'ai pas d'argent, rien ! Du coup, Fatou peut faire ce qu'elle veut de moi, elle a tous pouvoirs. Elle me fait travailler sans arrêt, à plein temps, à l'œil. Que veux-tu que je dise ? Que je proteste et qu'elle me jette à la rue ? Tu te rends compte les mois de salaire qu'elle me doit en réalité ? Ça fait trois ans que ça dure. Je ne peux rien faire, je ne connais personne...

J'étais épouvantée par ce que je venais d'entendre. Ce n'était pas possible ! Et la police ? Comme j'étais naïve ! Qui aurait cru Awa ? Elle n'avait aucune preuve. On l'aurait prise pour une folle, une menteuse. Fatou était irréprochable, elle travaillait, payait des impôts en France. Elle avait même la nationalité française ! Qui aurait écouté une pauvre Dakaroise sans un sou et sans papiers ?

J'avais l'impression d'être en plein cauchemar !

— Mais tes parents ? Ta famille à Dakar ?

— Fatou n'est pas idiote. Elle leur téléphone régulièrement pour leur dire que tout va bien.

— C'est pour ça que tu n'es pas rentrée pendant tout ce temps ?

Awa hoche la tête d'un air fatigué. Je n'en crois pas mes oreilles ! Alors depuis trois ans, Fatou exploite Awa, se sert d'elle comme baby-sitter et bonne à tout faire, grâce à la menace qui plane au-dessus d'elle : être arrêtée sans papiers ! C'est horrible ! Mais alors... Et... moi ? Est-ce que ça veut dire que... J'hésite quelques secondes avant de lui poser la dernière question : les études.

Awa me lance un pauvre regard.

— Quelles études ? Elle n'a jamais eu l'intention de me payer des études. Tout cela, c'était un mensonge pour m'appâter...

Je suis horrifiée. J'ai soudain des vertiges, la nausée. Je suis obligée de m'appuyer sur le bord de l'évier.

Awa s'en aperçoit et pose la main sur mon bras.

— Aïda t'a fait le même coup, n'est-ce pas ? Je ne pensais pas qu'elle oserait... Je me disais que ce n'était pas possible, que ça se verrait, que ça se saurait à Dakar... Je croyais que j'étais la seule à... C'est pas vrai ! Elle t'a pris tes papiers ?

De la tête, je lui fais signe que oui. Je ne peux pas le croire ! Cette fois, c'est moi qui ne suis plus capable de parler.

— Salima, écoute-moi, me dit Awa qui s'est ressaisie. Écoute-moi bien. Demain, dès que tu es seule, tu fouilles tout l'appartement, partout, dans tous les coins. Partout. Il faut que tu retrouves tes papiers. Aïda n'a peut-être pas encore eu le temps de les emporter bien loin. Tu regardes sous les matelas, au-dessus des armoires... Partout... Il faut absolument que tu les retrouves, tu m'entends ? Et quand tu les as, tu cours au centre commercial pour les faire photocopier et tu les remets ensuite là où ils étaient. Exactement au même endroit. Ni vu ni connu. Tu m'as comprise ? Ton permis de séjour va sans doute expirer bientôt. Il te faut une preuve que tu n'es pas arrivée clandestinement en France. C'est la première étape... Elle est indispensable. Sans papiers, on ne peut rien faire... Ensuite... je ne sais pas...Tu es comme moi, ma belle, tu t'es fait avoir...

Un piège ! Je suis tombée dans un sale piège ! Je refuse de le croire. Awa se trompe, elle interprète mal la situation... Elle délire... Elle n'a plus toute sa tête... C'est la nostalgie, ça l'a rendue folle... C'est impensable, ça ne peut pas être la vérité ! Dans ce cas... Non... tout le monde le saurait... Je n'imagine pas qu'on puisse traiter les gens de cette façon aujourd'hui, dans un pays comme la France, sans que personne s'en aperçoive, sans que personne réagisse ! Pourtant... quand on ne connaît même pas ses voisins... Mais à Dakar ? Dakar est si loin... Awa a raison, on ne la croirait pas, on dirait qu'elle exagère, qu'elle déforme. De toute façon, en Afrique, on donne toujours raison aux adultes, et nous, on nous prend encore pour des enfants ! Aïda et Fatou sont si bien sous tous rapports. Elles ont le droit de tout faire... en toute impunité !

Mais moi, je suis là, et j'ai vu certaines choses. J'ai vu Awa « rendre service » à Aïda et à Fatou. La question, et je me la suis déjà posée, c'est : où se situe la frontière entre « rendre service » et travailler à plein temps à l'œil ? Ce n'est pas pareil. On peut « dépanner » quelqu'un ponctuellement. Pas un « ponctuellement » qui dure trois ans, sans aucune contrepartie. Et surtout, il y a le problème des études. S'il y avait une part de vrai là-dedans ? Si Fatou exploitait totalement Awa depuis trois ans et la trompait depuis le début ? Si tout était prémédité ? Ce serait monstrueux ! On ne peut pas faire ça ! Voler à une jeune fille ses années de jeunesse, bafouer ses espoirs, trahir sa famille ! Aïda ne ferait pas ça.

Fatou… peut-être ? Je ne sais pas. Certainement pas Aïda.

Elle n'est pas comme sa sœur.

Mais… j'y pense ! L'ami d'enfance de ma mère ? Il s'est porté garant d'elle… C'est pourquoi mes parents ont accepté sa proposition les yeux fermés, en toute confiance. Si Awa dit la vérité, l'ami de mère le saura tout de suite. Et donc mes parents aussi. Ce sera le scandale… Tout Dakar sera au courant… Le scandale… sauf s'il sait et qu'il ne dit rien… Sauf s'il est complice d'Aïda et qu'ils ont tout manigancé ensemble !

J'étais accablée, perdue. Dans ma tête, mille pensées tournaient à toute vitesse. Je n'étais pas comme Awa. Je n'allais pas me laisser faire, sacrifier mon temps et mes études. J'allais réagir. Mais avant, je devais en avoir le cœur net. Si Aïda m'avait fait venir de Dakar pour se servir de moi, j'allais vite m'en rendre compte !

— Alors les filles, ça vient ? crie Fatou dans l'autre pièce.

Awa et moi échangeons un long regard. Éloquent, grave. Solidaire.

— Tu as bien compris, Salima ? insiste-t-elle encore une fois d'une voix quasiment inaudible. Tes papiers. Il faut que tu retrouves tes papiers ! Moi, c'est trop tard, mais toi, il est peut-être encore temps.

V

Je suis sous le choc des révélations d'Awa. Quand nous rentrons chez Aïda, le soir, je décide de ne pas perdre de temps.

Il faut que j'en sache plus au sujet du lycée.

— Il n'y a toujours pas de place pour le moment, répète Aïda. Il faut attendre.

La rengaine habituelle, mais elle a repris le ton gentil du début. Le week-end l'a détendue. Elle n'a pas pensé à Pape. Les enfants n'ont pas fait d'histoires pour se coucher.

Je sens que c'est le moment de pousser un peu – elle n'est ni sur ses gardes ni sur les nerfs. Je continue :

— Le problème, c'est qu'on est déjà mi-octobre. Les cours ont commencé depuis plus d'un mois. Je ne pourrai jamais rattraper le retard que j'ai pris. Mon année est perdue.

Aïda m'examine un moment en silence. Elle réfléchit. Elle est assise dans un des fauteuils en cuir du salon et m'a demandé de lui faire les ongles des mains.

Comment allait-elle réagir ? Allait-elle encore une fois me sortir des tas de justifications bizarres ? Et si elle s'énervait ? Bien sûr, j'avais peur qu'elle s'énerve.

Mais non. Au contraire. Elle prend une voix mielleuse :

— C'est vrai, Salima, c'est vrai. Elle me sourit. On ne peut pas perdre davantage de temps.

Elle fait mine d'essayer de trouver un moyen pour résoudre le problème. De faire des efforts. Je m'attends presque à voir son cerveau fumer. Je n'ose rien dire de plus. Elle m'impressionne encore tellement !

— Il y aurait peut-être une solution... intermédiaire... En attendant que tu sois admise dans un lycée...

— Laquelle ?

Je sens mon ventre se nouer. Que va-t-elle me proposer ? Et si c'était un piège ?

— Je pourrais te payer des cours par correspondance. Du français, des maths... de l'anglais... Ce que tu veux... Qu'en penses-tu ? Ça te permettrait de garder le niveau...

Je n'avais pas imaginé cela une seconde. J'étais tellement surprise que je suis restée silencieuse un bon moment, je m'en souviens. Je ne comprenais pas qu'il s'agissait d'un autre piège !

— Alors ? finit par demander Aïda.

— C'est... vraiment... gentil... Je... J'aimerais... J'aimerais beaucoup.

Aïda se met à rire.

— Alors marché conclu ! Dès demain, j'écrirai au CNED pour qu'ils t'envoient un dossier au plus vite.

Je la remercie encore plusieurs fois avant d'aller me coucher. Dans mon lit, je retourne et retourne dans ma tête la journée d'aujourd'hui, ce que m'a dit Awa, ce que vient de me proposer Aïda. Je cherche à deviner s'il y a un traquenard là-dedans. Je ne vois rien. La proposition d'Aïda me semble honnête et généreuse – des cours par correspondance, ce n'est pas donné d'après ce que je sais. Aïda n'est pas une mauvaise personne, non. Je me répète cela des dizaines de fois. Une femme un peu lunatique, mais avec de bons côtés.

Je finis par m'endormir un peu plus tranquille. En essayant d'oublier la conversation que j'ai eue avec Awa.

Mais dès le jour suivant, quand je vois tout ce que j'ai à faire dans l'appartement et quand je sais que demain ce sera pareil, après-demain aussi, etc., je suis à nouveau pleine de doutes. Les paroles d'Awa me reviennent en mémoire, plus vives, plus percutantes que la veille. Faire le ménage, le repassage, la cuisine, s'occuper des enfants, être accessoirement coiffeuse ou esthéticienne... c'est un travail ! Un travail à plein temps. Qui ne peut pas durer ou qui doit être rémunéré (même si je ne suis pas venue en France pour ça). D'accord, je suis logée – sur un canapé-lit dans la chambre des enfants – et nourrie – ce n'est pas ce que je mange qui risque de ruiner Aïda ! –, mais il n'a jamais été question que je devienne sa domestique. Et encore moins gratuitement !

Alors si Aïda m'inscrit comme elle l'a promis à des cours par correspondance, ma question est simple : quand est-ce que j'aurai le temps d'étudier ? Les seuls moments où je m'arrête, je ne tiens plus debout et je m'écroule généralement sur le canapé pour une petite sieste. Donc... maintenant que j'y pense et que je regarde la situation différemment, au fond... ces fameux cours par correspondance... permettent à Aïda de me garder à la maison ! C'est-à-dire à son service et dans la clandestinité ! Ni vu ni connu... Personne ne sait que je suis là.

Je n'existe pas !

Sur le canapé, je m'étais mise à trembler. Je pensais à quelque chose d'affreux : au départ, nous étions deux, et puis Elle est partie. Et là... c'était moi qui m'effaçais, qui disparaissais peu à peu !.... C'était peut-être mon destin ? Le destin des jumelles dakaroises ? Qui me chercherait ? Qui se soucierait de Salima Sy ? Une Africaine de plus ou de moins... Mes parents, bien sûr, mais avant qu'ils réagissent et surtout avant qu'ils puissent faire quelque chose de si loin, combien de jours, de semaines, de mois, d'années, allaient passer ? Je ne voulais pas ! Je ne voulais pas voir ma vie s'écouler dans l'appartement d'Aïda ! Il fallait que je leur parle, que je leur dise la vérité ! Mais Awa avait raison, la seule preuve de ma petite existence, c'étaient mes papiers.

Je devais mettre la main dessus !

Les enfants sont à l'école, Aïda au travail. Je cherche dans tout l'appartement. Je passe quasiment deux heures à fouiller, d'abord le bureau de fond en comble, puis les endroits les plus improbables. Même les toilettes ! Pas de passeport, rien. Ou alors vraiment bien caché. Du travail de professionnelle. Et moi, justement, je suis totalement amatrice. Tout a toujours été honnête dans la vie, je n'ai jamais dissimulé quoi que ce soit.

Je ne trouve rien et finis par m'asseoir sur le canapé, la tête entre les mains. C'est désespérant. J'ai envie d'appeler Awa, mais je me souviens qu'elle m'a dit de faire très attention avec le téléphone : « elles » vérifient le détail des communications ; si elles remarquent que nous nous sommes parlé, elles vont se douter de quelque chose et nous ne pourrons plus agir. Agir... Je voudrais bien, mais comment ? Je ne vois vraiment pas ce que nous pouvons faire !

— Tu es sûre d'avoir regardé partout ? Il y a toujours un endroit auquel on ne pense pas. Les vêtements... Les poches de pantalon. Les manches de pull...

Je suis dans une cabine téléphonique avec Awa. À bout de nerfs, frissonnante de froid et de peur. C'est la fin de la semaine, j'ai craqué. Malgré la peur que j'ai du monde extérieur, je suis sortie ce vendredi vers midi pour aller au centre commercial. J'ai acheté une carte téléphonique avec l'argent qui me restait sur les deux cents francs que m'avait donnés Aïda et j'ai appelé Awa. Je savais qu'elle serait seule chez Fatou à ce moment-là. Je lui ai raconté que j'avais retourné l'appartement et que je n'en pouvais plus. Je n'ai rien trouvé.

Les vêtements... J'ai déjà vérifié, fouillé dans les armoires, les tiroirs, glissé ma main entre deux pulls et même, je l'avoue, parmi les dessous d'Aïda. Peut-être que je n'ai pas, il est vrai, palpé en profondeur, enfoncé mon bras entre les mailles, dans les replis des tissus. Je ne pensais pas que ça pourrait être possible. Cela me semblait tellement délirant ! Au point que, à un moment donné, à quatre pattes dans un placard, j'ai été prise d'un sacré fou rire. Qu'est-ce que j'étais en train de faire ? Tout ça était complètement ridicule. J'avais l'air maline, maintenant ! Aïda avait peut-être emporté mes papiers à son bureau.

Quel mal y avait-il à cela ?

Pourtant, l'intuition d'Awa était la bonne. L'après-midi même, quelques minutes avant d'aller chercher Mama à l'école, dans le cagibi attenant à la chambre d'Aïda et qui lui sert de dressing, je tombe sur mon passeport, bien enfoncé dans un vieux jean roulé en boule derrière une pile de boîtes à chaussures !

J'étais à la fois soulagée et sidérée de me rapprocher de la vérité. Quand on prend autant de soin à cacher un passeport, c'est bien qu'on a quelque chose à se reprocher, n'est-ce pas ?

Pendant quelques minutes, je panique : Awa a vu juste. Ça y est, j'en suis désormais convaincue moi aussi : je suis tombée dans un piège. Que faire ? M'échapper ? Comment ? Avec quel argent ? Pour aller où ? Avec quelle preuve ? Awa a raison, on voit qu'elle a déjà retourné mille fois le problème dans tous les sens. Depuis trois ans, elle a eu le temps ! Prévenir mes parents ? Je ne vois pas d'autre solution. Il faudrait que j'appelle sur le portable de mon frère de la cabine où j'ai téléphoné à Awa... Mais j'ai peur de leur réaction, de leur déception. Du scandale. Mes parents sont si naïfs, ils croient tant à la bonté humaine ! Ils ne comprendraient pas. Toute cette histoire est inconcevable pour eux. Ou alors ils vont penser que c'est ma faute, que je suis responsable, que j'ai dû faire quelque chose de grave. Ce serait terrible !

Je n'aurais plus personne.

Finalement, je décide ne pas les prévenir pour l'instant. Je dois d'abord retrouver mon sang-froid et... trouver une photocopieuse ! C'est ce qu'Awa m'a dit de faire, ça me revient. Je dois photocopier mes papiers, c'est la première étape. Mais je n'ai plus le temps à présent. Il est déjà l'heure d'aller chercher Mama. Je replace donc mon passeport et mon titre de séjour périmé dans le vieux jean d'Aïda que j'essaie de rouler en boule et de remettre comme il l'était, au fond du dressing.

Puis je file à l'école en tremblant comme une feuille. J'ai oublié d'apporter son goûter à Mama. Je m'en veux. Elle ne dit rien. Mama n'est pas une petite fille très embêtante. Tout semble passer au-dessus d'elle sans l'effleurer. C'en est même inquiétant. Pour me rattraper, et comme il fait assez beau ce jour-là, je l'emmène au petit square tout près. Elle aime bien y aller, faire un peu de toboggan et jouer dans le bac à sable. Moi, franchement, je trouve que c'est plutôt un endroit angoissant, un petit espace « vert » avec deux ou trois arbres et quelques manèges, encastré au milieu de quatre grands immeubles gris, avec des mamans blanches partout sur les bancs qui bavardent entre elles et me font un léger signe de la tête sans jamais engager la conversation avec moi.

Alors je me retrouve toujours toute seule à l'écart, sur mon banc, avec mon baladeur sur les oreilles, et je ferme en général les yeux pour oublier le béton qui m'entoure et ne plus penser à la police qui pourrait bien faire une descente sans prévenir... Je frissonne. Je ferme les yeux et m'enferme dans mon monde, avec ses notes africaines et sa chaleur rassurante... Je suis chez moi, je suis à Dakar, ma ville chérie, ma ville colorée, ma ville polluée, ses marchés, Colobane, Ouakam, ses plages, ses boîtes de nuit, Gorée, Cap-Vert, je suis un papillon, je suis une petite fille...

— On rentre, Salima, maintenant.

Mama me tire par la manche de mon blouson et me ramène à la réalité du présent. Au froid. Au gris. Elle se lasse assez vite du square. Elle n'a pas vraiment de petites copines. Elle joue toute seule dans son coin. Je ne sais pas si c'est une question de nature ou parce qu'elle est noire.

Le week-end se passe comme d'habitude. Tout le monde s'ennuie. C'est triste. On ne fait rien. Moi qui croyais pouvoir visiter Paris, monter un jour à la tour Eiffel, me promener dans les rues de Montmartre ! Et ma promesse à Sophie ?

Tout ce que je connaissais de la France, c'était un appartement plein de jouets d'enfants et d'acariens, et un pauvre centre commercial défraîchi, avec la moitié des boutiques fermées. Je n'avais rien vu de Paris. Je n'avais rencontré aucun Français. Je n'avais rien fait depuis mon arrivée. Je n'en pouvais plus du ménage, je ne me supportais plus traînant devant la télé !

Aïda est fatiguée, elle pleure en cachette, je l'ai remarqué. Le samedi, elle va faire les courses pour la semaine. Ensuite, nous allons chez Fatou la méchante. Awa et moi dormons sur le canapé du salon. Moussa est pénible, Mama reste silencieuse.

— Fatou se doute qu'on s'est parlé toutes les deux, me confie Awa. Elle m'a posé plein de questions. Méfie-toi. Si tu veux mon conseil, dépêche-toi de photocopier tes papiers...

Je lui fais signe que oui, c'est prévu. Je n'ai pas l'intention d'attendre et d'ailleurs, dès lundi, une fois seule...

Au retour le dimanche soir, je remarque qu'Aïda est plus pensive que d'habitude. Je sens plusieurs fois son regard sur moi, interrogateur.

— On devrait recevoir le dossier du CNED dans les jours qui viennent, m'annonce-t-elle soudain de sa voix la plus enjouée. Ça ne tardera plus trop maintenant. Je suis désolée pour ce contretemps, mais ce sera vite oublié.

Je suis mal à l'aise. Est-elle sincère ? Cherche-t-elle à me manipuler ?

— Et pour le lycée, toujours pas de place ?

Elle fait mine de rester calme, mais j'ai vu qu'elle avait un peu sursauté. Moi-même, j'ai été surprise par ma propre audace.

— La France, c'est pas comme le Sénégal, il faut attendre. Et en plus, je te rappelle que tes papiers ne sont plus en règle. Tu es pour l'heure en situation irrégulière sur le territoire français.

C'est la douche froide. Sa voix est cassante. Tant bien que mal, je réussis à rester debout.

— Qu'est-ce que tu veux dire, Aïda ?

J'ai le ventre noué, les jambes qui flageolent, les genoux qui s'entrechoquent.

— C'est assez clair : ton visa n'est plus valable. En principe, tu n'as plus le droit d'être ici. Il faudrait que tu sois étudiante pour avoir la permission de rester. (Sa voix s'est un peu radoucie, mais ses paroles restent très dures.) Et pour étudier, il te faudrait un visa. On appelle ça un cercle vicieux. Pour le moment, je ne vois pas comment résoudre ce problème. Et ce n'est pas le seul que j'ai, crois-moi... C'est pourquoi je t'offre des cours par correspondance. Tu n'es pas contente ?

— Si, si, bien sûr, je suis contente. C'est très gentil.

Qu'est-ce que je pouvais dire ? Qu'est-ce que je pouvais faire ? Lui demander pourquoi mon passeport était caché au fond d'un jean ? Pourquoi elle n'avait rien fait pour que mon visa soit renouvelé ? Si son coup était prémédité ? Si elle comptait m'employer comme baby-sitter et bonne à tout faire pendant longtemps en contrepartie d'un cours par correspondance ou deux ? Mais je n'ai pas ouvert la bouche. Aïda me faisait peur. Je ne voulais pas que la situation dégénère. Je n'étais pas en position de force.

Dans mon lit, je pense à tout cela. Avec Moussa, on ne se parle quasiment plus. Il passe son temps à m'ignorer. Son regard vole sur moi comme si j'étais un meuble. C'est très désagréable, mais je préfère cela plutôt qu'un affrontement quotidien qui m'épuise. La gifle a au moins servi à quelque chose. Il se tait et ne m'insulte plus. Quant à Aïda, elle a fait des efforts et préparé la cuisine ce dimanche soir pour une partie de la semaine. Je n'aurai pas à la faire.

C'est toujours ça.

Mais le problème n'est pas résolu. Ça ne peut pas durer ainsi. Demain, je photocopie mes papiers !

Je n'attends pas plus. Dès que je reviens de l'école où j'ai conduit Mama, ce lundi matin, je file dans le dressing d'Aïda. J'attrape le vieux jean roulé en boule, toujours caché derrière les boîtes à chaussures vides. Et là… plus rien. Plus rien ! Mon passeport a disparu ! Aïda l'a repris. Elle a tout deviné. Elle sait tout. Elle sait qu'Awa m'a parlé. Elle sait que je sais. Il n'y a plus aucune chance pour que mes papiers soient encore dans l'appartement. Elle les a sans doute emportés ce matin à son travail. Tout est perdu ! Tout est fini pour moi !

Je suis bel et bien prisonnière !

VI

Je pleure. Beaucoup. En fait, je passe des journées entières à pleurer. Je ne mange rien et je maigris à vue d'œil, moi qui ne suis déjà pas bien épaisse. Je flotte dans mes jeans, je sens mes os à travers ma peau. Je suis épuisée du matin au soir, je dors mal la nuit. J'ai des insomnies et, quand j'arrive enfin à m'endormir, c'est pour faire des cauchemars qui me réveillent en sursaut, en sueur, en larmes !

Je réalisais peu à peu ce qui se passait, le piège dans lequel j'étais tombée. J'étais comme assommée, tabassée par la violence du choc. J'arrivais de Dakar, de mon Sénégal chéri, pour faire mes études à Paris. Et je me retrouvais prisonnière des gens qui étaient juste censés m'héberger. Où avais-je commis une erreur ? Quand ? Qu'est-ce que j'avais fait ? À quel moment ? Pourquoi étais-je punie à ce point ? Pourquoi personne ne réagissait ?

Combien de temps cela allait-il durer ?

Parfois, je me persuade que la terre entière est au courant qu'ils sont tous complices… Je deviens paranoïaque et, du coup, je me replie encore plus sur moi-même. Je voudrais m'enfouir dans un trou de souris et disparaître à jamais. Il n'y a pas si longtemps, je ne pensais pas que des choses pareilles pouvaient se produire. J'étais innocente, naïve. Idiote ? J'avais vécu dans un monde protégé, aimant, entourée de personnes douces et généreuses. Aujourd'hui, je suis terriblement seule. Même Elle semble m'avoir abandonnée. Je ne la sens plus autour de moi. J'ai l'impression qu'Elle m'a quittée pour de bon, qu'Elle est vraiment… morte cette fois, et que toute ma vie je vais devoir vivre sans Elle, avec cette partie de moi amputée, mutilée.

Alors je prie. Il me reste la prière et la musique pour m'aider à tenir.

Les jours, les semaines passent. J'ai perdu mes repères. Tout se ressemble. Ce qui change, c'est l'arbre devant l'immeuble qui perd ses feuilles. Il fait de plus en plus froid, de plus en plus triste. C'est horrible, agressif, je ne suis pas équipée contre cela, je n'ai rien à mettre pour aller dehors…

De toute façon, je ne sors pas et Aïda me téléphone quasiment tous les jours, à n'importe quelle heure, sous un prétexte toujours différent.

J'ai compris qu'il s'agit bien pour elle de me contrôler à distance.

Devant elle, je ne montre rien. Ma détresse, personne ne la voit. Je m'occupe des enfants, de l'appartement, j'obéis à tout, en bon petit soldat docile. Je m'oppose seulement à Moussa quand il dépasse les bornes. Un petit rappel à l'ordre de temps à autre. Le ton monte. Ce sont les seuls moments de tension. Sinon, je m'éteins à petit feu. Je n'ai rien dit pour les papiers. J'ai continué à fouiller l'appartement en vain pendant plusieurs jours.

Et puis j'ai arrêté.

Un matin, je me suis rendu compte que tout m'est égal. C'est trop tard. J'ai perdu la partie, sans connaître les règles, sans même savoir que je jouais. À présent je n'ai même plus envie de me battre. Aïda ne parle plus jamais du lycée. Moi non plus. J'ai abandonné l'idée. Je n'y crois plus. Ça sert à quoi de faire semblant ? De se mentir comme cela ? Je ne vais pas intégrer une classe en cours d'année, une classe où je ne comprendrais rien, où je serais larguée immédiatement, où je n'aurai pas d'amis.

De toute façon, Aïda n'a jamais eu l'intention de m'inscrire dans un lycée. Elle n'a même jamais fait de demande d'inscription, j'en suis persuadée. Toutes ces histoires de place, de liste d'attente... c'était du pipeau ! Elle m'a menti sur toute la ligne, elle a menti à mes parents, et peut-être aussi à l'ami d'enfance de ma mère – lui, son rôle là-dedans est quand même à déterminer. Combien de temps va-t-on croire à ses mensonges ? Combien de temps Aïda continuera de passer à Dakar pour une femme respectable ? Quand la vérité éclatera-t-elle au grand jour ? Voilà les questions que je me pose sans cesse.

Et pour le moment, je n'ai pas les réponses.

Un soir, Aïda a l'audace d'appeler mes parents devant moi pour leur annoncer que je viens de commencer des cours par correspondance. Français, maths et anglais. Quelle hypocrite ! Tu parles d'un événement !.... Sur le papier, c'est vrai, je suis inscrite à trois cours du CNED et j'ai reçu mes premiers devoirs. Mais c'est juste une partie de la vérité. L'autre, c'est que je n'arrive plus à me motiver. Je perds goût à tout et je suis tellement fatiguée ! Entre le ménage, les lessives, le repassage, les enfants, la cuisine... je n'ai pas le temps de me pencher sur les cours. Je me force à le faire, mais impossible de me concentrer. Ça ne sert à rien. Mes premières notes sont catastrophiques. Je suis totalement découragée. Au téléphone, mes parents ignorent évidemment tout. Ils sont fiers, comme si j'étais déjà diplômée.

En réalité, juste avant Noël, je finis par dire à Aïda qu'on peut tout arrêter. Elle ne me pose pas de questions. Ça l'arrange. J'ai cru comprendre qu'elle avait l'intention de divorcer. Je l'ai entendue prononcer ce mot. Elle a pris un avocat et continue de pleurer le soir dans la cuisine, une fois les enfants couchés. C'est elle qui m'a appris que c'était bientôt les vacances de Noël. Elle a ajouté qu'on irait chez son frère à Sens.

Bien entendu, elle ne me demande pas mon avis.

Les choses avaient à présent le mérite d'être claires : je n'avais plus ni passeport, ni visa, ni titre de séjour ; je n'étais inscrite dans aucun lycée ; je ne suivais aucun cours ; je n'avais pas d'argent ; je travaillais à plein temps, au noir, en toute illégalité, chez quelqu'un qui avait le pouvoir de me jeter à la rue à tout moment.

Quelqu'un qui contrôlait toute ma vie et m'avait assujettie à elle.

— Les filles, il ne faut pas vous laisser faire.

C'est Manuela, la belle-sœur d'Aïda (la femme de son frère Ibou), qui nous dit cela à Awa et à moi. Manuela est une Guadeloupéenne tout en chair et en couleurs ; quand elle marche, c'est un déploiement de froufrous et de bonne humeur. Malgré son poids, elle est souple et agile comme un serpent. Manuela est assistante sociale. Elle est mariée avec le frère d'Aïda depuis des années. Ils ont trois enfants et vivent dans une grande maison agréable, avec un beau jardin, à Sens. Tout le monde se retrouve là pendant les vacances de Noël. Fatou est venue avec Abou et Awa. Au début, je suis tellement déprimée que je n'ai même pas de plaisir à revoir Awa, qui est aussi amorphe que moi. Mais bientôt, l'énergie de Manuela est si communicative qu'elle nous donne un coup de fouet. D'autant plus qu'elle ne supporte pas Aïda et Fatou, ses belles-sœurs. Manuela est dans notre camp.

Ça fait quand même du bien d'avoir une alliée.

— Elles n'ont pas le droit d'agir ainsi. Elles n'ont pas le droit de vous traiter comme ça. Vous ne devez pas vous laisser faire, les filles, nous répète-t-elle. Ce n'est pas normal ! Il faut qu'elles paient.

Manuela nous a emmenées au cinéma. Les autres sont restés à la maison devant la télé, comme d'habitude. Pour nous, c'est un événement. Nous nous sommes promenées en ville avec elle et sommes même entrées dans quelques magasins ! Manuela nous a offert une crêpe puis nous a proposé d'aller voir un film. Depuis mon arrivée en France, c'est ma plus belle journée, malgré le froid sec et horrible de la Bourgogne.

— Qu'elles paient ? interroge Awa.

— Elles vous doivent de l'argent. Beaucoup d'argent. Surtout à toi qui est là depuis... combien de temps déjà ?

— Trois ans, répond Awa en baissant la tête.

— Trois ans, tu te rends compte ! Tout ce temps où tu as travaillé gratuitement pour elle. Ça représente une fortune ! Il ne faut surtout pas partir sans avoir été payée. Ça ne remboursera jamais les années qu'on t'a volées, mais c'est déjà quelque chose...

Je lui demande ce qu'on peut faire. Comment agir. Elle me répond qu'elle ne sait pas vraiment... Il faudrait quelqu'un... Parce que nous, personne ne nous croira. Et elle... comme elle est de la famille...

Tout ça n'est pas très encourageant, pourtant ces quelques jours à Sens me secouent tout de même un peu. Grâce à Manuela, je réagis. Elle a raison : il ne faut pas que je me laisse faire ! De retour à Saint-Germain-en-Laye, je demande de l'argent à Aïda.

— Je vais avoir mes règles.

Me voilà obligée de mentir, honteuse, devant son regard interrogateur. Elle ne proteste pas, fouille dans son sac à main et me tend un billet.

Le lendemain, en début d'après-midi, je vais à la cabine téléphonique du centre commercial, avec la carte que je viens d'acheter. J'ai pris la décision d'appeler mes parents, de tout leur raconter.

Tant pis pour le scandale !

Ma main tremble en composant le numéro de portable de mon frère. Je sais que je n'ai pas beaucoup de temps, que ma carte sera vite consommée. Mon frère décroche. Dès qu'il entend ma voix, il sort en trombe de sa chambre à la recherche de ma mère. Par chance, il était à la maison ! Ma mère ne doit pas être loin. Je l'entends dévaler l'escalier en criant : « Maman ! C'est Salima au téléphone, vite ! Elle est dans une cabine, maman, c'est Salima ! Où es-tu ? »

J'entends des éclats de voix, les bruits de chez moi. Je sens presque les odeurs de Dakar. Ma sœur Sophie attrape le téléphone : « Ça va, ma petite Salima ? Et la tour Eiffel, tu l'as vue ? » Pas encore, je lui réponds, pas encore, Sophie... Je n'ose pas lui dire que ça ne risque pas, et que je ne suis pas près de la voir, la tour Eiffel... Ce serait trop dur pour elle. « Et ça va à Paris ? Quel temps fait-il ? Pas trop froid ?.... »

Je suis obligée de m'appuyer contre une des vitres de la cabine pour ne pas m'écrouler sous la montagne de questions. Tous, mes frères, mon autre sœur, des voisines... Étourdie, je bafouille, je dis un mot, deux. De toute façon, je ne suis pas sûre que l'on écoute vraiment mes réponses.

Je vois les unités s'écouler les unes après les autres. À une vitesse affolante.

— Salima ?

Ma mère, enfin !

— Maman...

Je ne sais pas par où commencer.

— Maman, je... Il faut que je te dise...

— Ça va, Salima ? Tu étudies bien alors ?

— Justement, je voulais te...

— Aïda nous a dit hier…

— Aïda ? Aïda vous a appelés ?

— Oui, ma Salima, ça t'étonne ? Aïda nous appelle très souvent pour nous donner de bonnes nouvelles de toi… De son travail, c'est moins cher. Comme ça, nous sommes rassurés. C'est quelqu'un de bien.

Le sol va s'ouvrir sous mes pieds et je vais tomber dans un puits sans fond. Je m'accroche encore un peu à la surface en essayant de garder une voix calme :

— Écoute, maman, Aïda vous ment…

Aucune réaction à l'autre bout.

Je continue :

— Ça ne se passe pas comme elle le prétend… Elle n'a jamais fait de demande d'inscription pour moi au lycée… Il n'y a pas de liste d'attente et…

— Qu'est-ce que tu racontes ? coupe ma mère. Aïda nous a appelés hier. La France, ce n'est pas comme le Sénégal, c'est tout. Aïda dit qu'il faut attendre.

Je répète qu'elle ment, je crie qu'elle m'a pris mon passeport, qu'elle me fait travailler pour elle, sans me payer, quinze heures par jour, sept jours sur sept, qu'elle m'exploite, qu'elle… Mais ma mère ne m'écoute pas. Elle me répond qu'Aïda m'a recueillie chez elle à Paris et que je n'ai pas le droit de l'accuser de… de quoi d'ailleurs ? Elle ne comprend rien.

— Quel temps fait-il chez toi ?

Chez moi ! C'est où, chez moi ? Ici, ce n'est pas chez moi. Chez moi, ça n'existe plus ! Ma mère ne prête pas attention à mes paroles. Elle ne me croit pas. Aïda a été plus rapide que moi. Elle anticipe toujours tout. En Afrique, la parole d'un adulte prime sur celle d'un plus jeune. Je commence à paniquer. Je n'ai presque plus d'unités.

— Maman ! Je suis prisonnière ! Je veux partir d'ici, je veux rentrer à Dakar !

— Salima, ma fille, il faut te conduire de manière responsable et faire confiance à Aïda. Mon ami d'enfance m'a certifié que tout se passait bien. Alors qu'est-ce que cela signifie ? Ton passeport... Il vaut mieux que ce soit Aïda qui l'ait. Elle cherche seulement à te protéger. Ici, nous sommes tous fiers que tu sois chez elle. Ne nous déçois...

Ça avait coupé. Ma carte était épuisée. Au bout du fil, plus personne, un pauvre bip. Le Sénégal était redevenu une terre lointaine et inaccessible. Je n'avais plus de carte, plus d'argent. De toute façon, ça m'aurait servi à quoi ? Le sol tremblait et se fendait. Je ne cherchais plus à rester debout, à me retenir à quoi que ce soit, à qui que ce soit. D'ailleurs, personne désormais n'était là pour moi.

Alors je tombe, loin, très loin, très longtemps, au centre de la terre.

En enfer.

Deuxième partie

La chute

Tout individu a droit à la vie, à la liberté et à la sûreté de sa personne.

Déclaration universelle des droits de l'homme
Article 3

VII

1997. 1998. 1999. Trois années ont passé. Cent cinquante-six semaines. Trente-six mois. Plus de mille jours. Au bout d'un moment, les jours, les semaines, les mois, les années même se confondent. Tout devient pareil quand on est mort. Le temps n'existe plus. Et moi, j'étais morte à l'intérieur. J'avais arrêté d'exister, comme ma jumelle. Ou comme ces animaux qui hibernent pendant les longues périodes d'hiver.

Mes yeux avaient beau être ouverts, il n'y avait plus rien derrière.

La première année, je pleurais beaucoup, je déprimais, je maigrissais terriblement. Je me rongeais les ongles au sang, ne me coiffais plus. Je m'habillais toujours de la même façon. Je ne croisais jamais un voisin, n'échangeais jamais deux mots avec une maman ou un papa à l'école de Mama. J'avais l'impression d'être invisible.

Au début de l'été 1997, mon cœur se remet à battre un instant quand Aïda vient m'annoncer une grande nouvelle :

— Nous partons demain à Dakar pour toutes les vacances.

Dakar ! Ce mot, c'est une aiguille enfoncée dans ma peau. Ça me fait un choc. Je n'ai plus parlé à mes parents depuis des mois. Enfin, je ne sais plus très bien. Aïda leur téléphone à ma place.

Les semaines se succèdent, toutes pareilles. Je nettoie, repasse, aspire, lave le sol, range, cuisine, emmène Mama à l'école, vais la chercher, la conduis au jardin d'enfants, lui lis des histoires, joue avec elle, lui donne son bain, lui brosse les dents. Une mécanique bien au point. Tous les jours sans interruption. Quinze heures par jour.

Tout reste en surface, et moi je suis en dessous, bien enfouie.

Les fins de semaine, nous allons souvent chez Fatou. Nous enfermer chez Fatou. C'est toujours la même chose. Il ne se passe jamais rien.

Il faudrait que la terre tremble, qu'une catastrophe épouvantable se produise pour me faire encore réagir.

— Dakar ? Nous partons à Dakar ?

Je n'ai pas le temps d'être heureuse. Je relève juste un peu la tête, mais Aïda me la replonge aussitôt bien au fond du puits :

— *Nous* partons, les enfants et moi, Fatou et Abou. Awa et toi, vous passerez l'été chez Manuela, à Sens. On ne peut pas vous emmener avec nous, c'est trop cher.

Je n'ouvre même pas la bouche. À quoi cela servirait-il ? Aïda a sans doute déjà préparé un conte à dormir debout pour ma famille et pour celle d'Awa. Elle sait que mes parents n'ont pas les moyens de payer un billet d'avion entre Paris et Dakar. Du coup, aucun risque qu'ils lui proposent de prendre en charge mon voyage ! Tout est organisé. Ils décollent le lendemain. Aïda m'a prévenue à la dernière minute alors qu'elle a tout planifié depuis longtemps. C'est évident. Elle est mesquine, fausse.

Je me dis qu'au moins, pendant quelques semaines, je vais être débarrassée d'elle et de mes chaînes !

Chez Manuela, ce sont de vraies vacances. Je ne suis plus une domestique. Avec Awa, ça nous fait une pause. On en a besoin. On dort jusqu'à midi. On traîne dans le jardin, au soleil, on fait des balades à vélo toutes seules, libres, on regarde la télé, on écoute de la musique, on lit, on enfile nos boubous pour faire nos prières ensemble. Manuela nous raconte des histoires de chez elle, de Guadeloupe, elle nous emmène au centre-ville, nous offre une crêpe, le cinéma. À la maison, elle cuisine pour nous de petits plats antillais : poulet boucané et patates douces, colombo et fruits à pain. C'est bon, relevé, ça change des repas insipides qu'on prend chez Aïda ! Manuela est pleine de bonnes intentions à notre égard. Elle ne nous réclame jamais rien.

L'été passe vite, trop vite. Aïda et Fatou ne téléphonent pas une seule fois pour prendre de nos nouvelles.

Un jour, Manuela me propose d'appeler mes parents à Dakar. J'accepte avec plaisir.

— Salima ! crie ma mère dans le combiné. Comme c'est amusant, Aïda est venue nous voir hier !

Aïda est allée les voir ?.... Ça alors, je ne m'y attendais pas !

— Qu'est-ce qu'elle vous a dit ?

— Plein de choses... Qu'en principe tu devrais avoir une place au lycée à la rentrée... Que tout se passait bien... Qu'elle était très contente... Que tu étais une jeune fille agréable et bien élevée...

— Mais...

Je suis incapable d'ajouter autre chose. Ma mère me raconte qu'Aïda leur a apporté un cadeau. Qu'elle a beaucoup de classe. Que c'est vraiment quelqu'un de bien. Ma mère semble enchantée. Je suis écœurée.

— Il va falloir que je vous laisse. Manuela a besoin du téléphone. Je vous rappellerai ce soir.

Je raccroche, démoralisée, la main tremblante.

Le soir, je ne rappelle pas.

Manuela nous conseille d'être patientes :

— Ne dites pas un mot, faites comme si de rien n'était, sinon elles vont se douter de quelque chose et se méfieront aussi de moi. Je ne pourrai plus vous aider. Salima, quand tu as tes parents au téléphone, tu dis « oui, d'accord » et rien d'autre. Ne te plains plus, ne raconte plus rien. C'est inutile pour le moment. Ils ne te croiraient pas. Ils font entièrement confiance à Aïda. Ça ne pourrait que te desservir. Pendant ce temps-là, tu prépares ton coup. Il faut tout faire discrètement, éviter l'affrontement direct. Vous ne savez pas comment elles peuvent réagir. Dans tous les cas, la priorité, ce sont vos passeports. Il faut remettre la main dessus. De mon côté, je vais essayer de trouver une solution, de me renseigner sur vos droits, je ne sais pas... Awa, parmi les personnes que tu croises dans le XIIIe, chez les Noirs, essaie de rencontrer des gens qui pourraient connaître un moyen de se défendre, qui auraient entendu parler de quelque chose... Garde les oreilles grandes ouvertes. Salima, elle, ne voit jamais personne là où elle est. Soyez patientes. Elles sont hors la loi, ça c'est sûr. Elles vont finir par le payer.

Elle insiste, Manuela. Elle tente de nous redonner un peu d'espoir. C'est elle qui nous appellera une fois par semaine, le même jour, à la même heure, pour prendre de nos nouvelles et nous dire s'il y a du nouveau.

C'est déjà la fin du mois d'août. Aïda téléphone un soir pour prévenir qu'elle va bientôt rentrer et elle demande à son frère Ibou de me ramener chez elle pour que je prépare l'appartement en prévision de leur retour : ménage, courses, cuisine.

Dès le lendemain tout reprend comme avant. Une sorte de coma.

Si j'ai tenu, si j'ai continué à respirer, à me maintenir malgré tout en vie physiquement, c'était grâce à ce que j'avais derrière moi, à ce qui m'avait construite, mes origines : mes racines, ma famille, ma jumelle.

Alors, tandis que mon corps s'épuisait dans une tâche ou une autre, je retournais vers eux, vers Elle, par la prière ou le souvenir. Je me répétais sans cesse d'où je venais, me repassais les premières années de ma vie, pour avoir encore un lien, même minuscule, avec quelque chose sur terre.

Mon père s'appelle Paul. Il est né à Dakar où il a fait ses études. Ensuite, il est entré dans la marine française. Ma mère, elle, vient d'un village plus loin. Elle est très belle. Un mélange de Sérère, de Peul et de Toucouleur, la peau claire, les traits fins, des cheveux magnifiques. Elle a presque vingt ans de moins que mon père. Et elle est sa seule épouse. Heureusement pour elle !

Je déteste la polygamie. Dans ma famille et dans d'autres, j'ai vu ce que ça produisait, à quoi ça conduisait. Les épouses se jalousent sans arrêt et se maraboutent entre elles. Et le problème, c'est que ce sont toujours les enfants qui sont les premières victimes. Les hommes disent que la polygamie a ses racines dans le Coran, mais moi je n'y crois pas. Ils l'ont détourné à leur avantage, et au mépris des femmes.

Mes parents sont musulmans, pratiquants. Ma mère a même accompli le pèlerinage à La Mecque. Elle est issue d'une famille sénégalaise très traditionnelle, et paysanne à l'origine. Sa propre mère est voyante et, quand j'étais petite, elle exerçait encore beaucoup.

Ça m'a toujours fait peur, je l'avoue. Je n'ai jamais voulu connaître mon avenir. Pourtant… si j'avais su !

Ma grand-mère lit dans les coquillages, dans ses propres rêves. Quand elle a des visions, elle tombe par terre, en transe, et parle dans une langue étrangère. Je trouve ça très angoissant ! Ils sont plusieurs comme ça dans ma famille maternelle (même une de mes sœurs), mais ma grand-mère, c'est la pire. Ou la plus douée. Elle a un peu arrêté maintenant, pourtant des marabouts de partout continuent de lui rendre visite. Ils se transmettent leur savoir entre eux.

Moi, je n'ai aucun don de voyance et c'est tant mieux ! Je tiens plus de ma mère qui, tout en élevant ses huit enfants, s'est tournée vers la couture. Elle achète des tissus en Gambie et confectionne ensuite des boubous, des robes, des chemises, tout ce qu'on veut, pour des voisines, des cousines... J'ai grandi entre deux machines à coudre. Ça m'a influencée. C'est cela qui m'a donné envie de me lancer un jour dans le stylisme, la mode, d'ouvrir ma propre boutique. C'est dans ce but-là, avec cette perspective-là que je suis venue en France.

Pas pour faire le ménage d'Aïda.

Quand je suis née, en 1979, j'étais la septième. Plus exactement, *Elle* était la septième et moi la huitième. J'ai quatre frères aînés et deux sœurs. Je suis l'avant-dernière. Avant l'arrivée de mon dernier frère, j'ai été très gâtée par mon père, et j'étais la seule à oser s'opposer à lui.

Longtemps j'ai gardé ce caractère-là, bien trempé, prêt à l'affrontement. J'ai toujours entendu ma mère dire : « Salima, elle ne se laisse pas faire. » Aujourd'hui, si elle me voyait... exploitée, spoliée, soumise... Elle n'en croirait pas ses yeux !.... Je n'ai plus de forces.

Je ne suis plus qu'une ombre.

Quatorze ans me séparent de mon premier frère, Modou, et onze de Sophie, ma grande sœur, celle qui est malade du cœur et qui viendra se faire opérer en France. Huit enfants, ça fait du monde dans une maison, beaucoup d'animation ! Même si on est nombreux, ça n'empêche pas d'être généreux. Mon père a toujours donné un peu d'argent, des vêtements aux enfants des rues qui viennent mendier devant notre porte. Depuis, je fais comme lui. Nous avons la chance d'appartenir à la classe moyenne. Nous ne sommes pas très aisés, mais nous ne manquons de rien, contrairement à beaucoup d'autres.

Ma plus grande richesse c'était de pouvoir aller à l'école. Mes parents ont toujours accordé beaucoup d'importance à mon éducation.

J'ai fréquenté la maternelle, l'école primaire et le collège de mon quartier. Des institutions laïques. Une scolarité sans problèmes. J'étais bonne élève, sérieuse. Mon père, de toute façon, suivait ça de très près. Il était strict et intransigeant.

L'été, pendant les vacances, mes parents m'avaient inscrite à l'école coranique. Les cours duraient jusqu'à 17 heures. Après, heureusement, on avait le droit d'aller à la plage. J'adore la plage ! À Dakar, il y en a partout ! Quand j'ai eu la permission d'y aller seule avec mes copines, ça été le bonheur total. On prenait les djembés, les maillots de bain et c'était parti ! Par rapport à d'autres pays d'Afrique, le Sénégal est vraiment privilégié. C'est un pays officiellement laïque. Nous pouvons nous promener en maillot de bain sur la plage sans qu'on nous jette des pierres.

Mais il est loin mon Sénégal aujourd'hui !.... La radio de ma mère qui diffuse les prières du vendredi, celle de mon père toujours branchée sur RFI... Ils sont loin, mon enfance et les espoirs que j'avais, l'idée que je m'étais faite de ma vie !.... J'ai rêvé de France et d'Italie, de New York aussi où il paraît que tout le monde a sa chance, et me voilà enterrée vivante dans une banlieue de Paris, anonyme, transparente… Ma chance, on me l'a volée. Pire encore, on m'a fait croire que j'en avais une pour m'attirer dans un piège ! Je ne pleure plus. Je suis devenue dure et froide comme un mur. La pluie peut me gifler le visage, je ne sens plus rien. Je sais que ce n'est pas bien. Que c'est inquiétant.

Mais c'est fou comme, au bout d'un moment, à force d'avoir mal, on devient insensible à la douleur.

VIII

Je ne sais pas pourquoi mais j'avais parfois des sursauts, comme de petites décharges électriques qui me secouaient quelques instants et m'envoyaient des messages d'alerte dans tout le corps : « Tu ne peux pas accepter cette situation ! » ; « Tu dois réagir immédiatement ! » ; « Réveille-toi, fais quelque chose ! » Dans ces moments-là, qui ne duraient pas très longtemps, je me mettais à bouger, j'avais envie d'agir. J'aurais été prête à soulever des montagnes. Il fallait en profiter parce que, après, je retombais plus bas, j'étais à nouveau inerte, soumise, totalement découragée. Et c'était encore plus fort qu'au début.

Je me retrouvais avec des pieds de plomb.

C'est pourquoi, un jour où je sens que ça revient, que la révolte est en train de remonter, qu'elle est prête à exploser, je cours à la cabine téléphonique. Et là, j'appelle l'ami d'enfance de ma mère. J'ai trouvé son numéro dans les affaires d'Aïda. Je fais comme s'il n'était au courant de rien, comme s'il ne pouvait être ni coupable ni complice, et je lui raconte tout. Je suis énervée.

Je ne mâche pas mes mots envers Aïda.

— Calme-toi, Salima. Il y a sûrement un malentendu, me dit-il d'une voix ennuyée. Aïda n'est pas une mauvaise personne. Elle traverse une période difficile, tu le sais. Son mari... Il faut que tu sois patiente, compréhensive. Mais c'est normal que tu en aies marre... Écoute, voilà ce qu'on va faire : je vais lui téléphoner et lui demander de te réinscrire à un cours par correspondance...

— Mais je ne veux pas suivre de cours par correspondance ! Je ne veux plus ! Je ne suis pas venue pour cela ! Je ne veux plus faire le ménage !

Je suis hors de moi. Je n'aime pas la façon dont il me parle, comme à un malade ou à un enfant ! Pendant ce temps, les unités s'écoulent sur l'écran de l'appareil.

Je suis furieuse. Je lui répète en criant que je ne veux pas de cours par correspondance, que je veux aller au lycée ou alors rentrer à Dakar, tant pis ! Je veux mon passeport !

— Mais Salima, tu ne peux pas revenir de France sans diplôme, sans rien ! Ce serait un échec... Énorme.... Tout le monde se poserait des questions... Tu ne te rends pas compte, je crois... Tu ferais quoi, à Dakar ? On n'intègre pas une classe si facilement ici non plus. Tu perdrais tout. Réfléchis bien... Tu imagines la déception de tes parents ? Non, Salima, tu n'as rien à gagner à Dakar. Tu dois rester chez Aïda et être un peu plus patiente pour le lycée. Ça viendra bien un jour... En attendant, tu vas reprendre des cours par correspondance. Parle-en avec Aïda. Tu ne dois pas gaspiller ton temps comme ça. C'est très important. Ton avenir est en jeu... Je vais insister auprès d'Aïda... Il faut que je te laisse, ma petite. Ça m'a fait plaisir de t'entendre. Passe le bonjour à Aïda de ma part...

Et voilà ! Coincée ! Qu'est-ce que je peux faire ? Je vais donc devoir accepter qu'Aïda me paie des cours ? Comme ça, je me retrouverai dépendante d'elle ! Comme ça, je lui serai redevable encore une fois !

Mais qu'est-ce que je peux faire ? Je n'ai pas le choix. Ma petite crise de révolte est terminée. C'est retombé. Je n'ai plus aucune énergie.
Et plus personne.

Le soir même, je fais un effort pour aborder la question avec Aïda. Contrairement à la première année où elle faisait encore semblant de vouloir m'aider, d'être de mon côté, elle affiche d'emblée la couleur, elle me répond que c'est trop cher, les cours par correspondance.
Je me sens pleine de haine.
Je suis vraiment piégée !

D'habitude, devant elle, je ne montrais rien, mais cette fois, j'étais choquée. Elle venait tout de même de s'offrir un été entier au Sénégal, avec ses deux enfants ! Et elle n'avait pas les moyens de me payer un cours ?

— Trop cher ? j'explose. Ce n'est pourtant pas moi qui te coûte « trop cher » ! Je doute que tu retrouves un jour une baby-sitter et une femme de ménage aussi bon marché que moi !
Je vois le visage d'Aïda se décomposer. Elle m'a vraiment prise pour une idiote ! Soudain, elle réalise que j'ai parfaitement conscience de ses abus.
— Je ne comprends pas ce que tu veux dire, bredouille-t-elle. Je t'accueille chez moi, tu es nourrie, logée... Comme une jeune fille au pair... Ce n'est pas ma faute s'il n'y a pas de pla...
— Tu sais très bien ce que je veux dire ! Je ne suis pas une jeune fille au pair. Et il n'a jamais été question que je vienne en France pour autre chose que poursuivre mes études !

Mon cœur bat la chamade. J'ai tout à coup peur d'être allée trop loin. Peur qu'Aïda me jette dès demain dans un avion direct pour le Sénégal.

Mais Aïda joue une autre carte. Elle finit par me dire qu'elle est d'accord pour un cours. Pas plus. Un cours de français. C'est ce qui est le plus utile, ajoute-t-elle. Et c'est tout ce qu'elle peut faire pour le moment. Elle va avoir des frais d'avocat. Pape et elle ont décidé de divorcer. Elle a appris qu'il vivait avec une autre femme à Dakar… avoue-t-elle avant d'éclater en sanglots. Coup de théâtre ! Mais je ne veux pas avoir pitié d'elle.

Je ne dois pas me laisser attendrir.

— Très bien. Un cours de français, je dis d'une voix froide. Je compte sur toi pour que ça commence le plus vite possible.

Et je tourne les talons, fière de moi, la laissant pleurnicher sur son sort dans la cuisine. Je refuse que son malheur me touche. Je refuse d'en payer les conséquences. J'ai l'impression d'emporter une petite victoire. Il n'en est rien.

Au contraire.

Quelque temps plus tard, mes cours de français arrivent bel et bien, mais je suis plus que jamais la bonne à tout faire et sans papiers d'Aïda, séquestrée malgré elle, piégée, trahie, dans l'impuissance la plus totale.

Je déprime.

Les mois passent. Je ne sais pas combien. Mama est entrée au CP. Elle a désormais des devoirs que je dois superviser. En plus du reste. Aïda part régulièrement en voyage pour son travail, une semaine, voire deux, au Canada, à New York. Sa mère, qui est marocaine, débarque alors du Sénégal et s'installe dans le canapé du salon du matin au soir, devant la télé. Des journées entières à regarder des séries américaines comme *Inspecteur Colombo*, *Les Feux de l'amour* ou *Amour, gloire et beauté*. Elle ne fait rien d'autre. Elle ne sort jamais. Je crois qu'Aïda ne lui demande pas de venir pour les enfants, mais, finalement, pour moi, pour continuer à me surveiller. Je vis vraiment dans une prison.

Ma seule alliée, c'est Manuela. Mais elle est surtout un soutien psychologique. Son champ d'action est très réduit. En général, elle m'appelle le jeudi à 13 heures. Elle me dit de m'accrocher au cours de français, de continuer à chercher mon passeport et de tenir bon. Elle ne trouve pas, pour l'heure, le moyen de me tirer de là. Aucune solution, rien.

Et puis un jour, au printemps 1998, ma mère appelle chez Aïda pour dire que ma sœur Sophie va en principe revenir se faire opérer en France. Ils sont en train d'effectuer toutes les démarches nécessaires, compliquées et très longues, de remplir tous les dossiers, d'obtenir les nombreuses autorisations.

Il y a quelques années, on a découvert que Sophie souffrait d'une malformation cardiaque très grave. En 1986, elle a eu une première intervention, à Paris. À cette période, elle a été hébergée chez une femme formidable, Jacqueline, membre de La Chaîne de l'Espoir, une association chargée de trouver des foyers d'accueil aux étrangers qui viennent subir une opération importante en France.

Jacqueline a été extraordinaire avec Sophie. Toute ma famille lui est reconnaissante à jamais et Sophie est restée très liée avec elle. Jacqueline se rend souvent à Dakar. Elle adore l'Afrique noire. Mes parents la connaissent bien. Ils l'apprécient beaucoup.

Sophie va donc repasser sur le billard. Une opération lourde, dangereuse, des heures de chirurgie délicate, d'anesthésie générale. J'ai beau être assommée, cette petite phrase « Sophie va venir » me donne une lueur d'espoir. Même si on ne sait pas encore quand. Même si c'est dans un an, voire deux. Sophie va venir, ce qui signifie que je la verrai, que je passerai des heures avec elle. Je pourrai enfin tout lui raconter de vive voix ! En face de moi, ma sœur ne doutera pas de mes paroles, elle saura que je dis la vérité. Elle pourra donner l'alerte. Mes parents apprendront tout. Ils croiront Sophie. Et je sortirai enfin de ce cauchemar. Même dans un an, même dans deux. Un jour, je serai à nouveau libre !

J'ai beau me sentir coupable de me réjouir de l'opération de Sophie, je suis presque heureuse !

Le mois de juillet 1998 arrive. Cet été-là, Aïda et Fatou nous casent, Awa et moi, chez un autre de leurs frères à Athis-Mons, Mohamed. Je crois qu'elles sont un peu en froid avec Manuela. De toute façon, elle est partie en vacances à la Guadeloupe avec ses enfants et elle nous a déjà hébergées tout l'été précédent.

C'est pourquoi Awa et moi nous retrouvons à Athis-Mons, vers la mi-juillet, épuisées et un peu sonnées. La pauvre Awa est dans un pire état que moi. Fatou est épouvantable avec elle, mauvaise, méchante. Elle la harcèle sans cesse, la martyrise sur le plan affectif. Sa jalousie à son égard s'est aggravée au cours de l'année. Comparée à Awa, j'ai finalement de la chance !.... Pour lui remonter le moral, je lui parle de l'arrivée de ma sœur qui n'est toujours pas fixée, mais qui se précise et aura sans doute lieu l'année suivante, en 1999.

« On va s'en sortir, Awa, je lui répète, maintenant, c'est juste une question de mois. »

À Athis-Mons, malheureusement, l'ambiance n'est pas du tout la même qu'à Sens. Pas de belle maison avec jardin, mais un appartement sombre et des avions qui passent au-dessus de nos têtes du matin au soir. Le frère d'Aïda et de Fatou est mécanicien à Orly. Il n'est pas très sympa avec sa femme, Anna.

Anna est sénégalaise. Elle est très gentille. Comme Manuela, elle n'aime pas beaucoup ses deux belles-sœurs et, comme Manuela, elle nous fait vite comprendre qu'elle est dans notre camp.

— Vous ne devez pas vous laisser faire, les filles. Ce n'est pas légal, ce qu'elles vous font. Il faut qu'elles paient !

Toujours le même discours. Mais la pauvre Anna travaille à plein temps et elle a un peu peur de Mohamed. Ce n'est pas elle qui pourra nous aider.

Donc, ce n'est vraiment pas la joie ! En plus, Mohamed boit et fume, ce qui est pour moi une vraie torture. Je ne supporte absolument pas la fumée de cigarette, ça me rend malade, j'ai tout de suite la nausée, mal à la gorge et à la tête...

L'été n'est pas une partie de plaisir. Awa et moi nous faisons toutes petites. Finalement, nous sortons assez peu de la chambre qu'on nous a donnée pour toutes les deux. Nous sommes presque pressées de retrouver nos cages respectives ! Il faut juste attendre que ça passe. Ça va, nous sommes résistantes. Nous commençons à avoir l'habitude !

Je sais que ma mère a dans l'idée de demander à Aïda d'accueillir Sophie lors de son séjour en France, pour qu'elle soit avec moi, et qu'elle soit moins seule pendant cette épreuve.

Quelque chose me dit que, cette année, Aïda n'ira pas voir mes parents...

Je ne me trompais pas. À son retour de Dakar à la fin du mois d'août 1998, Aïda se montre tout de suite désagréable avec moi. Non, elle n'est pas allée voir mes parents. Elle n'a pas eu le temps. Elle n'avait pas que ça à faire ! D'ailleurs, elle ne les a même pas appelés ! Un de mes frères m'a prévenue que l'opération de Sophie était désormais prévue au mois de juillet 1999 et qu'elle arriverait donc deux mois avant.

Je n'hésite pas. Après tout, il y a une pièce, le « bureau », qui ne sert pas à grand-chose dans l'appartement. Il est question de ma sœur, ma sœur de même père, de même mère, et d'une opération à cœur ouvert.

Je me plante devant Aïda et mets carrément les pieds dans le plat :

— Sophie va venir en mai. Mes parents voudraient savoir si elle peut rester ici…

— Il n'en est pas question, me répond sèchement Aïda. Je ne peux pas accueillir ta sœur ici. Il n'y a pas de place. Je n'ai pas du tout les moyens. On me prend pour qui dans ta famille ? Ce n'est pas un hôtel, ici ! Je ne roule pas sur l'or !

Je sens à nouveau le sol trembler et se fendre sous mes pieds. Sophie ne viendra donc pas à Saint-Germain-en-Laye. Elle affrontera son opération seule, sans personne à ses côtés. Où va-t-elle aller ? Et si c'était loin ? Est-ce qu'Aïda me laissera au moins la voir ? Tous mes espoirs sont anéantis !

Je m'effondre une nouvelle fois.

IX

Rien n'allait plus entre Aïda et moi. Ça avait même carrément dégénéré. Jusque-là, on avait fait des efforts l'une et l'autre, un peu pour préserver les enfants – déjà assez déséquilibrés comme ça –, et pour ne pas devenir folles. On ne s'aimait pas, on le savait parfaitement toutes les deux mais on restait polies. On donnait le change. J'étais en son pouvoir et je n'avais aucune marge de manœuvre. Je ne voulais pas me retrouver dans la même situation qu'Awa avec Fatou.

J'avais choisi de faire semblant.

Mais depuis qu'Aïda avait refusé son toit à Sophie, elle avait pour moi franchi une limite inacceptable.

C'est un vrai déclic dans ma tête, dans tout mon corps. Maintenant, je n'hésite pas à m'opposer à Aïda sur tel ou tel sujet. J'ai moins peur de l'affronter directement. Je lui réponds. Je deviens beaucoup moins malléable. Je la force à continuer de payer mon cours de français.

Certains dimanches, je refuse de les accompagner, les enfants et elle, chez l'horrible Fatou que je ne peux plus supporter. Aïda crie après moi. Elle menace de se plaindre à son ami d'enfance, de lui dire comment je me comporte.

— Eh bien, vas-y, dis-lui !

Ça m'est égal. Son chantage ne prend plus sur moi. Je sais exactement qui elle est. Je connais son vrai visage. Et je suis assez contente de voir que son image commence à se ternir un tout petit peu auprès de mes parents. Son refus d'héberger Sophie a choqué leur mentalité tout africaine : mes parents sont incapables de comprendre qu'on puisse fermer la porte de chez soi à un frère, une sœur, de la même terre. J'ai senti leur déception au téléphone. Ça m'a fait plaisir.

Le bateau prend l'eau, tout doucement. C'est un premier pas. Sophie retournera finalement chez la bonne Jacqueline, à Champigny-sur-Marne. Quoi qu'il arrive, je me dis, j'irai lui rendre visite le plus possible. Personne ne m'en empêchera. Même si je ne sais pas où se trouve Champigny-sur-Marne par rapport à ici.

Un dimanche, au mois de novembre, alors que j'étais restée seule à l'appartement pendant qu'Aïda et les enfants passaient la journée chez Fatou, le téléphone a sonné.

C'était Manuela :

— Salima ? Tu es au courant ? Awa est repartie à Dakar.

— Quoi ? Mais quand ? Comment ?

Elle me dit que, à l'heure qu'il est, elle est peut-être déjà arrivée. Fatou a demandé à Ibou de les conduire à l'aéroport ce matin. C'est comme ça qu'elle l'a appris.

Je suis sous le choc, incapable de penser, de bredouiller d'autres mots que « ce n'est pas possible... ce n'est pas possible !... ».

Au bout d'un moment, je demande ce qui s'est passé. C'est tellement étrange !

Elle me dit qu'elle n'en sait pas plus, qu'elle aussi trouve ça bizarre qu'elle soit partie comme ça, d'un coup, sans prévenir personne. Elle croyait que je savais peut-être quelque chose. Il paraît que Fatou lui a fait un chèque – c'est ce que lui a dit Ibou.

Awa disait toujours que, lorsqu'elle partirait de chez Fatou, elle irait chez sa sœur, dans le Sud de la France... Elle n'avait pas du tout envie d'aller à Dakar. Elle n'a rien à faire à Dakar !

Il a dû lui arriver quelque chose...

Il y a eu un silence de quelques minutes.

Je réalise que Fatou a dû monter son coup pendant l'été.

— Se débarrasser d'Awa... finit par soupirer Manuela au bout du fil. Tu sais bien que ça n'allait pas fort entre elles...

Awa est partie ; je reste toute seule. Je n'ai même pas pu lui dire au revoir !

Quand est-ce que je la reverrai ? Que va-t-elle devenir ? Comment sera-t-elle accueillie là-bas ? Je suis certaine que si elle raconte toute la vérité, personne ne croira à son histoire. J'ai peur que ce soit notre gros problème : personne ne veut nous croire ! En plus, le terrain est très certainement miné. Fatou a peut-être tout anticipé et taillé à Awa une sale réputation.

J'espère qu'elle lui a quand même donné assez d'argent, de quoi prendre un nouveau départ. Elle lui a volé des années de vie, de jeunesse ! Ça, aucune somme ne pourra le dédommager...

Quand je questionne Aïda le soir même, elle me répond qu'Awa voulait retourner à Dakar depuis longtemps. Qu'elle avait la nostalgie du pays. Que, de toute façon, elle ne se comportait pas très bien...

Je sais pertinemment que c'est faux. Le comportement d'Awa était irréprochable... Et puis ça m'étonnerait vraiment. Pourquoi Awa serait-elle partie sans me prévenir, moi ? Sans même me passer un petit coup de fil ? Malheureusement, j'imagine que la pauvre Awa n'a pas dû « négocier » grand-chose. Je voudrais tellement l'avoir au téléphone, au moins, entendre sa voix me confirmer qu'elle a un peu d'argent, de quoi ouvrir une boutique, ou tout ce qu'elle veut, qu'elle surmonte le choc et réapprend à vivre.

Est-ce qu'elle va me téléphoner un jour ?....

Imaginer Awa à Dakar m'a ramenée dans les rues de ma ville, si loin... Quelques heures d'avion pourtant, et hop... ce matin Awa était encore à Paris et ce soir elle dormira à Dakar, dans la chaleur humide de Dakar, dans ses odeurs d'épices et de vents marins. Va-t-elle retrouver des amis ? Va-t-elle aller danser toute la nuit ? Ça m'étonnerait mais je voudrais le croire ! À cette heure, c'est ce que je lui souhaite le plus au monde. C'est si bon de danser, de se laisser emporter par le rythme, la musique ! Awa le mérite bien. Elle mérite largement de connaître à nouveau le plaisir, l'insouciance.

Je ne sais plus quel âge j'avais quand j'ai commencé à sortir en boîte le soir à Dakar. Seize ans, peut-être même quinze. Bien entendu, mes parents n'en ont jamais rien su. Ils devaient bien se douter de quelque chose mais... c'était de bonne guerre, ça fait partie des convenances, du jeu des apparences. Tout le monde fait ça à Dakar ! Je trouvais des prétextes, la plupart du temps l'anniversaire d'une copine. Mes amies venaient me chercher et confirmaient mon alibi à mes parents. Ensuite, on allait chez l'une ou chez l'autre pour rejouer la même scène. Mes frères aînés, qui sortaient pas mal de leur côté, fermaient les yeux. Il n'y avait aucun danger de toute façon. Ni alcool ni cigarettes. On allait en boîte pour danser avant tout.

J'adorais danser. À cette époque, c'était ce que je préférais au monde. On était entre filles, superbement coiffées, habillées à la mode des chanteuses qu'on admirait dans les magazines. Les garçons nous tournaient autour mais sans nous approcher de trop près. En sortant de la boîte, on passait en général un bon moment sur la plage, à chanter et à rire sous les étoiles, bercées par le bruit de l'océan. C'était chouette ! Puis on rentrait à pied, heureuses, légères.

Quand j'y songe à présent, c'était vraiment le temps de l'innocence. C'était... il y a si longtemps. Nous étions tellement naïves !

Il y avait quelques flirts, mais ça n'allait pas bien loin. On croyait toutes à l'amour unique, au prince charmant. On voulait toutes arriver vierges au mariage.

À une période, j'ai eu un petit ami. J'avais 16 ans. C'était l'année juste avant mon départ de Dakar, je n'ai aucun mal à m'en souvenir. Il fallait que je sois rentrée tous les soirs à 23 heures, et au lit ! Du coup, je le voyais en cachette. En réalité, je n'étais pas vraiment amoureuse. L'amour, le vrai, je ne sais pas ce que c'est. Je pense que c'est quelque chose qui s'impose et qu'on reconnaît au moment où c'est là. Je n'étais pas pressée. Je n'avais pas envie de me marier trop tôt. Tout cela, au fond, me faisait un peu peur. C'était du sérieux et moi, je voulais encore m'amuser.

Quelques jours à peine après le départ forcé d'Awa, j'apprends par Aïda qu'une autre jeune fille vient d'arriver chez Fatou. Drôle de coïncidence ! C'est tout de même louche ! Et si c'était une nouvelle « victime » ?

Elle s'appelle Raki. Elle a tout juste 18 ans et est elle aussi originaire de Dakar. Je crains le pire ! Du coup, je décide d'accompagner Aïda et les enfants chez Fatou le dimanche suivant. Je veux mettre en garde Raki, la prévenir immédiatement de ce qui se passe, du piège dans lequel elle risque d'être tombée à son tour.

Mais il y a peu de chances pour qu'elle soit encore en possession de ses papiers. Fatou a sans doute déjà fait le nécessaire. On ne sait jamais. Je ne peux pas laisser passer cette occasion. Je dois agir vite, et profiter de la « fraîcheur » de Raki. Il faut qu'elle mette son énergie dans autre chose qu'un faux espoir qui va peu à peu la laminer et l'enfoncer dans la déprime.

Et puis je veux aussi, tout simplement, lui faire un signe, lui montrer qu'elle n'est pas seule et qu'à deux nous sommes plus fortes.

Raki est très fragile. Ça saute aux yeux instantanément. Toute frêle et longiligne. On sent en plus chez elle un grand manque d'assurance et de confiance. Elle semble si timide ! Si naïve ! Fatou va la manipuler comme elle veut ! Et dire qu'il y a deux ans et demi je me trouvais exactement à sa place !....

En la voyant, je me rendais compte à quel point je m'étais endurcie. J'avais vieilli prématurément. C'était effrayant.

Je n'avais même pas 20 ans !

Il est en tout cas trop tard. Profitant d'un instant où nous sommes seules, je lui sors tout en bloc. Raki me regarde avec des yeux incrédules et apeurés. Elle ne croit pas un mot de ce que je viens de lui raconter : sur quel ton est-ce que je dois le lui dire ? Je comprends qu'il ne faut pas trop la brusquer. Elle risque de nous compromettre, par maladresse, par innocence. Je connais bien l'état d'esprit dans lequel elle se trouve, je suis passée par là : pour le moment, elle est encore subjuguée par Fatou. Elle pense qu'elle lui doit tout, et que Fatou est formidable. Elle ne comprend pas ce que je lui raconte.

Elle déchantera bien assez vite.

Je lui dis que je suis là et qu'elle peut me téléphoner chez Aïda quand elle veut. Qu'elle peut compter sur moi quoi qu'il arrive. Il n'y a rien d'autre à ajouter. Le pauvre petit Abou tourne autour de Raki. Il était très attaché à Awa. Ça l'a beaucoup perturbé qu'elle soit partie d'un coup, sans prévenir. Il ne comprend pas. Il doit se demander si c'est sa faute à lui. Raki a l'air douce et gentille, mais il hésite encore à s'avancer vers elle. Il a sans doute peur qu'elle se volatilise, elle aussi. C'est triste. Je me demande si Fatou se rend compte du mal qu'elle fait à son fils. Ou si elle s'en fiche complètement... C'est une telle furie ! Même avec sa sœur aînée ! Je l'entends pousser Aïda au divorce. Elle a toujours détesté Pape. D'ailleurs, je ne les ai jamais vus se parler l'un et l'autre. Elle lui dit des choses comme :

« Comment peux-tu rester avec un type pareil, qui utilise ta Carte Bleue pour s'acheter des fringues et qui te trompe sans arrêt ? »

Je l'ai vue faire avec Awa. Je la vois à présent s'acharner sur Aïda. La méthode est la même : tant que Fatou n'a pas obtenu le résultat qu'elle voulait, elle ne lâche pas prise. Elle crie après Aïda en répétant que Pape est un vaurien, qu'il lui manque de respect, qu'elle n'a aucun orgueil pour se laisser faire comme ça. Aïda pleure et lui demande de se taire. Mais l'autre fait la sourde oreille.

Je ne dis pas qu'elle a tort, je dis que c'est l'affaire d'Aïda, pas la sienne. De quoi se mêle-t-elle ? C'est à Aïda de prendre une décision aussi capitale pour sa vie et celle de ses enfants. Mais Fatou a un côté tyrannique. C'est la partie la plus blessante, la plus dangereuse de sa personnalité.

Celle dont a tant souffert Awa.

Les semaines passent. Aucune nouvelle d'Awa. Avec Raki, on fait un peu plus connaissance. Pour la voir, je me force à aller chez Fatou. À la fin de l'année, nous nous retrouvons tous dans la grande maison de Manuela à Sens pendant plusieurs jours. Cela me donne l'occasion de me rapprocher de Raki. Nous dormons dans la même chambre. Comme je le pressentais, elle a fini par comprendre. Avec Fatou, on entre rapidement dans le vif du sujet ! Raki travaille du matin au soir, elle est traitée comme une moins-que-rien, est insultée et n'empoche pas un centime, bien entendu, pour ses « services ». Si je ne l'avais pas prévenue, elle aurait trouvé cela difficile, évidemment, mais peut-être elle ne se serait pas posée de questions avant longtemps. Elle aurait tout encaissé sans broncher, trouvé des tas de justifications à Fatou. Et elle aurait commencé à s'éteindre doucement sans résistance. Grâce à moi, d'une certaine manière, elle prend conscience de ce qui lui arrive.

Et, à l'intérieur, tout au fond, elle est en colère.

« Quand Sophie sera là… » C'est ce que je n'arrête pas de dire à Raki. Quand Sophie sera là, je lui raconterai tout et la vérité éclatera. Fatou et Aïda seront bien obligées de nous libérer. Je fais tout pour la persuader. Ça m'aide à y croire aussi.

1999 commençait.

Et j'espérais, je voulais croire qu'il s'agissait de ma dernière année à Saint-Germain-en-Laye !

X

Au cours du mois de janvier 1999, en semaine, vers midi, le téléphone sonne. C'est forcément pour moi. Quelqu'un qui sait que je suis seule à cette heure-là et qui a fait attention à ne pas appeler un mercredi car il arrive parfois que les enfants n'aillent pas au centre aéré et qu'ils restent à l'appartement.

Quelqu'un qui connaît mon emploi du temps.

C'est Awa !

Je suis si heureuse, si surprise de l'entendre que j'en ai les larmes aux yeux. Awa ! Awa !.... Je voudrais la serrer dans mes bras. Mais c'est impossible. Je n'ai qu'un téléphone entre les mains et la petite voix d'Awa qui surgit de je ne sais où, comme un fantôme.

— Awa, je suis si contente... Où es-tu ? À Dakar ?

— Non, Salima. Je t'appelle d'Abidjan.

Abidjan ? Que fait Awa en Côte d'Ivoire ? Qu'est-ce que c'est que cette histoire ? Je ne comprends rien. Je sens juste que ça ne va pas, qu'Awa ne va pas bien. J'ai tout de suite remarqué qu'elle avait l'air inquiète, triste.

Je lui demande ce qu'il s'est passé, si elle peut me raconter, me dire :

— Je me suis posé tant de questions !.... Fatou prétend que tu voulais rentrer à Dakar, je ne l'ai jamais crue...

J'entends Awa soupirer dans l'appareil.

Commence alors un récit entrecoupé.

Fatou ne supportait plus de la voir, elle devenait folle de jalousie à cause d'Abou qui faisait plein de câlins à Awa et ne voulait même pas s'approcher de sa mère. Il faut le comprendre, le pauvre gosse, une mère pareille… Elle le terrorisait. Alors elle l'a accusée de manipuler son fils, de le retourner contre elle… Et puis elle était obsédée par son corps, sa ligne, ses problèmes de poids… Et Awa qui pèse moins de 50 kilos, avec sa taille 36… ça la rendait malade, ça lui filait des complexes. Enfin bref, c'était devenu invivable, tout était prétexte pour l'humilier et l'insulter… Alors un matin, tôt, un dimanche, elle lui a ordonné de préparer ses affaires. Comme ça, sans la prévenir plus tôt… du jour au lendemain. « Tu fais tes bagages et tu t'en vas », voilà ce qu'elle lui a sorti !

— J'ai eu peur, tu imagines ? Je ne savais pas où elle voulait que j'aille. À la rue ? Ou pire ? Je ne comprenais rien. Abou dormait encore. Aïda et ses enfants allaient arriver. Il pourrait rester avec eux. Elle avait tout prévu…

— Tu as posé des questions ? Tu as essayé de résister ?

— Tu penses bien que oui… mais Fatou ne desserrait pas les dents. « Tu rentres à Dakar. Ton vol est à 13 heures. Dépêche-toi », elle a fini par lâcher. J'ai d'abord pensé qu'elle mentait, qu'elle voulait tester ma réaction, m'effrayer. Et puis, quand Ibou est arrivé, j'ai compris que c'était vrai et je me suis mise à pleurer parce que j'étais perdue… Je ne voulais pas rentrer à Dakar… Je savais bien que je n'avais pas d'avenir là-bas, sans diplôme, sans rien, je savais bien que personne ne me croirait et qu'on imaginerait toutes sortes de choses…

Je serre si fort l'appareil que j'en ai les articulations toutes blanches. J'ai envie de hurler ma colère ! J'ai peur de ce qui va suivre.

Quelque chose me dit que le pire est encore à venir.

— J'ai expliqué à Fatou que si elle voulait que je m'en aille, je préférais aller chez ma sœur, tu sais, celle qui vit près de Marseille. Qu'il fallait juste que je la prévienne et qu'elle me donne de quoi payer le train. Mais elle a refusé tout net. Elle m'a dit que mon billet était déjà pris et qu'elle allait me faire un chèque. Elle n'a pas donné d'autre explication, mais j'ai compris qu'elle voulait dire un chèque de dédommagement pour toutes ces années... Non ? Tu n'aurais pas compris ça, toi ?.... Et aussi pour acheter mon silence... Six ans, Salima, tu te rends compte ? Six ans à dormir sur un canapé-lit, dans le salon d'un deux-pièces, à rouler mes habits en boule dans un coin d'armoire, à baisser les yeux en permanence, à laver ses culottes et à repasser ses chemisiers ! Même les domestiques sont mieux traités ! Je l'ai regardée écrire le montant du chèque : 3 000 francs. Tu m'entends ? 3 000 francs ! Voilà tout ce que je valais ! Voilà à combien elle avait estimé les six années qu'elle m'avait volées...

J'essaie de prononcer quelques mots mais Awa me coupe la parole.

— Attends... Ce n'est pas fini. Si tu savais..., poursuit-elle.

Fatou avait calculé son coup et tout organisé pendant l'été pour se débarrasser d'elle. C'est là qu'elle a trouvé la pauvre Raki et qu'elle a tout prémédité, tout planifié... Et donc, ce dimanche-là, elle a tiré Awa du canapé-lit, l'a obligée à faire son sac – avec pas grand-chose dedans – et, dès qu'Aïda et les gamins sont arrivés, sans même qu'Awa ait le temps de prendre un petit déjeuner, elle l'a forcée à monter dans la voiture d'Ibou... Elle n'a même pas pu dire au revoir à Abou !....

Awa pleure au téléphone. Moi aussi. C'est affreux ! Des monstres... Ce sont des montres ! Comment peut-on faire des choses pareilles ? Awa n'a jamais fait de mal de sa vie. À personne.

— Et ton passeport ? Tu n'avais pas de passeport !

— Fatou l'avait sur elle. Elle ne me l'a donné qu'une fois arrivés à l'aéroport, devant le comptoir d'enregistrement... Non, d'ailleurs elle l'a donné à l'hôtesse directement, avec mon billet. Ensuite, elle m'a conduite jusqu'au filtre de sécurité.

— Et après, tu n'as pas été tentée de faire demi-tour ? De ne pas monter dans l'avion ?

— Je crois qu'Ibou et elle ont attendu que l'avion décolle, pour être sûrs que j'étais bien dedans... De toute façon, j'étais tellement sonnée, Salima, mets-toi à ma place... Je ne réalisais pas vraiment ce qui m'arrivait... que j'avais à nouveau des papiers, de l'argent... Enfin, comme c'était un chèque en francs CFA, je ne pouvais l'encaisser qu'au Sénégal... En réalité, je n'avais pas la possibilité de faire autrement, tu vois. J'ai pris l'avion. J'ai pleuré quasiment pendant tout le vol... Ensuite...

Je n'ose pas lui demander comment s'est passée son arrivée à Dakar. Comment elle a été accueillie. Si quelqu'un l'attendait. Ce qui l'a obligée à partir à Abidjan. J'ai tellement froid soudain. Je ne suis plus sûre du tout d'avoir envie d'entendre la suite.

Au bout du fil, à des milliers de kilomètres, Awa attend ma réaction. Je me force à lui demander comment s'est passé son retour à Dakar. Ça a été dur, confirme-t-elle, très dur. Fatou avait raconté des tas de mensonges horribles sur elle. Awa a essayé de dire ce qui s'était vraiment passé. Mais Fatou avait justement prévenu qu'Awa dirait exactement cela. Du coup, personne ne l'a crue. Et quand elle a voulu encaisser le chèque...

Je l'entends qui pleure à nouveau.

— Quoi ? Qu'est-ce qu'il y a encore, mon Dieu ? Awa... qu'est-ce qu'il y a ?

— Le chèque était en bois. Je n'ai pas touché un centime…

On pourra me dire n'importe quoi, trouver toutes les excuses possibles, prétexter des tas de circonstances atténuantes, je ne pardonnerai jamais à Fatou ce qu'elle a fait à Awa. Jamais ! C'est un vrai choc. Violent. Douloureux. Je savais que Fatou était méchante et sans scrupule. Mais je n'aurais jamais pensé qu'elle irait jusque-là, qu'elle serait capable d'aller jusque-là. Sans aucun remords. Je suis abasourdie.

Awa a bel et bien tout perdu.

— À partir de là, c'est devenu invivable pour moi à Dakar, reprend Awa. On me regardait de travers. J'étais soupçonnée de je ne sais quoi, tu sais, comme ces clandestins qui sont foutus dehors. J'avais forcément fait quelque chose de mal. Une fois, on m'a même insultée. Mes parents avaient honte. J'avais honte. Salima, tu m'entends ? C'est moi qui avais honte ! Alors je suis partie en Côte d'Ivoire rejoindre ma grande sœur… Je ne sais pas combien de temps je vais rester là. Je crois que je ne pourrai plus jamais revenir au Sénégal…

— Si ! Parce qu'un jour la vérité va éclater ! C'est obligatoire, Awa. Ça ne peut pas continuer ainsi éternellement. Rappelle-toi ce que nous disait Manuela : « Il faut qu'elles paient. » Eh bien oui, elles vont payer, elles finiront par payer ! Ma sœur Sophie arrive dans trois mois…

Je m'étais levée et je criais dans le téléphone toute ma hargne, mon dégoût.

— Il y a des crimes qui restent impunis, a murmuré Awa.

— Pas celui-là ! Je t'en fais le serment. Je vais me battre pour que ce qui t'est arrivé n'arrive plus à personne !

— Je voulais te prévenir, Salima. Il faut avertir Raki. Il va falloir que je te laisse, maintenant. Je prierai Dieu pour toi, pour vous deux. Embrasse Abou pour moi, s'il te plaît. Dis-lui... Non, ne lui dis rien...

Je ne sais pas quel est le mot exact pour dire ce que j'ai ressenti à cet instant précis : haine ? horreur ? écœurement ? désir de vengeance ? J'avais envie de tout casser autour de moi. Dans le même temps, j'étais K.-O. Aïda était-elle au courant ? Je devais faire très attention, rester prudente. J'étais si près du but ! Sophie serait là mi-mai. Je ne voulais pas partir d'ici sans rien. Ne pas tout perdre.

Jusqu'au mois de mai, je courbe le dos. J'attends Sophie. Je me concentre sur cette perspective. Le reste ne m'atteint plus, ou presque plus. J'accomplis mes tâches mécaniquement. Le cours de français et Sophie sont les deux choses qui me permettent de tenir.

Les derniers jours me semblent les plus longs. Le printemps tarde à venir, il fait encore froid. J'ai du mal à rester patiente. Je n'en peux plus de faire le ménage. Je ne supporte plus d'être enfermée tout le temps. J'ai envie de courir sur la plage !

Le 24 avril, je craque. Par malheur, je viens d'entendre à la radio qu'on était le 24 avril 1999, moi qui pourtant n'ai plus la moindre notion des dates et des années, moi qui survis dans un autre monde, qui avance sans repère, à tâtons, comme une aveugle. Je sursaute violemment. C'est mon anniversaire ! Et pas n'importe lequel : j'ai 20 ans aujourd'hui. Vingt ans, tout rond, tout simplement. Sans bruit, sans fête. Personne ne l'a remarqué, personne n'en sait rien.

Quant à mes parents... ils ont peut-être oublié. Je ne sais pas. C'est si compliqué pour eux de téléphoner. En plus, pour eux, ce n'est pas le plus important, mon anniversaire. L'essentiel, c'est que j'étudie, que je sois heureuse, que j'apprenne plein de choses nouvelles, que j'évolue, que je grandisse. C'est ça, leur priorité.

Je ne leur en veux pas. Les pauvres ! Ils sont très loin d'imaginer que je suis terriblement seule, sans cadeau ni gâteau, avec pour unique compagnie une pile de linge à repasser et des meubles à épousseter. En me regardant dans la glace de la salle de bains d'Aïda, je me fais peur.

Il est vraiment temps qu'il se passe quelque chose !

Quinze jours plus tard, Sophie est là. Enfin !

Elle me téléphone de chez Jacqueline et me demande immédiatement quand je viens la voir. Nous avons du mal à nous parler plus de cinq minutes. Je la sens déçue que je ne sois pas là pour l'accueillir. Cela fait presque trois ans qu'on ne s'est pas vues.

Le soir même, j'explique à Aïda que ma sœur est arrivée et que je voudrais lui rendre visite.

Aïda soupire avant de rouspéter que c'est loin, Champigny-sur-Marne, que c'est compliqué. Elle ne voit pas tellement comment on peut faire. Elle ne peut pas m'emmener en voiture, elle n'est pas taxi. Elle n'a vraiment pas le temps. En ce moment, elle est débordée et elle a des problèmes plus importants que...

Je suis scandalisée. J'explose, je lui dis que Sophie est ma sœur. De même père, de même mère ! On va lui opérer le cœur ! Est-ce qu'elle considère que ce n'est pas important ?

Elle me tourne le dos et file s'enfermer dans sa chambre en claquant la porte. Je reste plantée au milieu du salon, sous le choc, hébétée. Je ne peux pas le croire. Alors là... Ma sœur Sophie, malade, se trouve à quelques kilomètres de moi et je ne la verrai pas ?.... Non, mais ça ne va pas la tête ? Impossible.

Ça ne va pas se passer comme ça ! Je suis hors de moi. Aïda est une égoïste, Fatou et elles n'ont vraiment aucun respect des autres ! Ça va être un beau scandale quand on va connaître la vérité à Dakar !

De toute façon, si elle ne me laisse pas voir Sophie, ça va déjà faire du remue-ménage. Là, mes parents vont sérieusement commencer à se poser des questions ! Mais avant que les choses bougent vraiment et que je sorte de là... Combien de temps encore ?.... Je ne veux plus attendre ! Je ne peux plus !

Et il n'est pas question que je ne voie pas Sophie !

Peu à peu, je réfléchis et je me calme. En fait, je me demande si Aïda n'agit pas comme ça parce qu'elle a peur. Peur que je parle, peur que tout éclate au grand jour. Elle sait très bien que ce qu'elle fait n'est pas légal. Elle sait très bien que tant que je reste seule, avec ma famille à distance, elle n'a rien à craindre de moi, Salima Sy, 20 ans, détenue à Saint-Germain-en-Laye, sans corde ni menottes, esclave aux chaînes invisibles...

Seulement, l'arrivée de Sophie perturbe les plans d'Aïda. Elle ne sait pas quelle excuse trouver pour que je n'aille pas la voir. Mais une question revient sans cesse : comment agir ?

XI

J'ai passé deux heures à examiner une carte de la banlieue parisienne ainsi qu'un plan de RER qui traînaient dans l'appartement. Je n'y comprends rien. Pour être franche, même si je m'y consacrais à plein temps, il me faudrait des mois pour arriver à déchiffrer ces documents. Et encore... Sophie serait déjà repartie.

De toute façon, ça ne sert à rien. Dans la même journée, je ne peux pas effectuer le trajet jusqu'à chez Jacqueline, passer un moment avec Sophie et être revenue pour aller chercher Mama à 16 h 30. Sans parler du travail qu'Aïda me donne à faire tous les jours et qui m'accapare pendant des heures. Impossible donc d'agir dans son dos. À son insu. Il faut qu'Aïda me laisse y aller. Je n'ai pas le choix.

Au téléphone, Sophie s'impatiente :

— Quand viens-tu ? Je suis déjà là depuis deux semaines. On a commencé à me faire des examens.

— Je voudrais bien venir, mais Aïda dit qu'il n'y a personne pour m'emmener. Elle dit que c'est trop loin, trop compliqué.

J'entends un murmure au bout du fil.

— Attends, je te passe Jacqueline. Elle veut te parler.

Sophie n'est ni sourde ni aveugle. Depuis quelque temps, elle a observé plusieurs choses : Aïda a refusé de l'héberger ; je ne suis pas revenue une seule fois à Dakar en trois ans alors que pourtant je ne suis toujours pas entrée au lycée ; et, à présent, il n'est même pas certain que je vienne lui rendre visite. Alors les conversations que j'ai eues plusieurs fois avec mes parents – en vain – au téléphone lui sont revenues en mémoire. Elle s'est mise à raisonner autrement, et à penser à la version d'Aïda, relayée par l'ami d'enfance de ma mère. S'il ne s'agissait pas d'un délire ? S'il y avait vraiment un problème ? Il y a quelque chose qui cloche là-dedans, s'est dit Sophie, et elle a tout raconté à Jacqueline : les faits et ses propres soupçons.

Et Jacqueline a évidemment trouvé que c'était plus que louche.

C'est pourquoi elle veut m'entendre de vive voix :

— Il se passe quoi, ma fille ? me demande-t-elle avec sa voix chantante.

Jacqueline et son mari sont à la retraite mais ils sont restés très actifs. Par le biais de La Chaîne de l'Espoir, leur grande maison est toujours pleine d'Africains venus se faire opérer et qui séjournent chez eux quelques semaines, voire quelques mois.

En réalité, Jacqueline est occupée du matin au soir. C'est un petit bout de femme dynamique, avec un caractère franc. Avec elle, pas question de tourner autour du pot. Elle met les pieds dans le plat immédiatement. Je ne l'ai jamais rencontrée, mais je lui fais confiance sans hésiter.

Jacqueline, c'est quelqu'un de sûr.

Alors je me lâche et je lui avoue tout, non seulement là, maintenant, ce qui se passe avec Aïda qui fait tout pour m'empêcher d'aller voir Sophie, mais avant aussi, depuis le début, les papiers volés, le chantage, le piège, mes espoirs déçus, les mensonges d'Aïda à mes parents, Moussa, Mama, Awa, Fatou, Manuela… je sors tout en vrac. Bien sûr, c'est très embrouillé, ça part dans tous les sens, ça se mélange, les dates, les lieux, et Jacqueline et Sophie qui écoutent de l'autre côté ne doivent pas tout comprendre, mais elles entendent l'essentiel : ça ne va vraiment pas ! Il se passe quelque chose de pas normal et de grave ! De très grave.

Jacqueline ne m'interrompt quasiment pas parce qu'elle sent que je suis lancée et que tout ce que je lui dis, je l'ai contenu pendant trois ans, dans la solitude et la souffrance. Il faut que ça sorte. Au bout d'un moment, je me mets à pleurer. Ça fait si longtemps que ça ne m'est pas arrivé !

Je suis épuisée.

À la fin, Jacqueline me demande simplement à quelle heure rentre Aïda.

— Vers 21 heures, en principe.

— Alors tu ne lui dis rien, tu ne parles pas de ce coup de téléphone. Moi, je l'appelle ce soir et...

Je panique un peu. Qu'est-ce qu'elle va lui dire ? Qu'est-ce qu'elle va faire ? Je vis dans une telle crainte depuis trois ans !

Jacqueline a très bien compris mon état d'esprit :

— Salima, calme-toi. Celle qui doit avoir peur, ce n'est pas toi. Celle qui est en tort, qui agit contre la loi et le droit français, ce n'est pas toi. Toi, d'après ce que je comprends et qui semble assez clair, tu es une victime. Mais ça, c'est bientôt fini. Nous allons te sortir de là. Avant cela, il faut tâcher de faire les choses proprement. Pour ton bien. Tu ne dis rien. Tu ne sais rien. Tu parles le moins possible et tu me laisses faire, c'est compris ? Tu me fais confiance ?

Je ne sais pas pourquoi la voix de Jacqueline, que je ne connais pas, m'apaise tant. Alors que, à l'inverse, il y a déjà un moment que la voix de ma mère chérie ne me rassure plus. C'est étrange, un peu triste aussi. Je voudrais que Jacqueline ne s'arrête pas de parler, là, dans le téléphone, je voudrais qu'elle continue jusqu'au soir, j'aimerais l'entendre au moment où j'essaie de m'endormir et aussi en pleine nuit quand je me réveille en sursaut à cause d'un cauchemar. C'est une sensation chaude qui m'enveloppe. Je n'ai pas ressenti quelque chose comme ça depuis trois ans. Depuis trois ans, j'ai froid, toujours froid. Je réalise soudain que nous sommes au mois de mai. Il y a même du soleil dehors ! Je le vois à travers les vitres du salon. Je pourrais ouvrir les fenêtres et m'asseoir quelques minutes sur le balcon, au soleil. Laisser la chaleur m'envahir, s'imprégner en moi. Je ne l'ai jamais fait. À vrai dire, je n'ai jamais vu le temps qu'il faisait derrière les piles de linge et le désordre de l'appartement. C'est comme si je revenais tout à coup à la vie réelle, au véritable espace-temps, aux bourgeons sur les arbres, au printemps, à la vie qui recommence après un très, très long hiver…

— Tu tiens bon, hein, petite sœur ? dit Sophie qui a reprit le combiné. Moi, je te crois. Et maintenant, plus personne ne remettra ta parole en cause, tu peux compter sur moi. Plus personne ne gobera les couleuvres d'Aïda. Tu vas partir de chez elle.

Oui, je tiendrai bon. Aucun doute. Même si je m'interdis encore d'y croire et de me donner de faux espoirs… Même si je ressens encore de la peur sans savoir pourquoi, comme un innocent accusé d'une faute qu'il n'a pas commise… Même si j'ai l'impression de marcher sur des œufs et que je dois faire attention à tout, à bien essuyer le téléphone une fois que j'ai raccroché pour qu'Aïda ne remarque pas que je m'en suis servi.

Le soir même, je tente de faire comme si de rien n'était mais, quand Aïda rentre, je suis bien plus nerveuse que d'habitude. Heureusement, elle est absorbée par ses pensées et ne fait pas attention à moi. Comme toujours. Je sais qu'elle est très préoccupée par sa procédure de divorce et qu'elle a souvent son avocat au téléphone. Elle l'appelle même le dimanche. Sinon, elle téléphone à Fatou et elles parlent ensemble pendant des heures. C'est souvent comme ça qu'Aïda passe ses soirées : devant la télé toujours allumée qu'elle ne regarde pas vraiment, ou pendue au téléphone, à pleurnicher sur son mariage raté, la trahison et la difficulté de vivre seule.

Je ne vais pas la plaindre. Moi, je suis à quelques mètres, sur un vieux canapé-lit dans la chambre des enfants, et personne n'est là pour apercevoir mes larmes.

Aïda n'invite jamais d'amis à la maison. C'est normal. Ma présence est gênante (elle ne peut tout de même pas m'obliger à rester enfermée dans la chambre où je pourrais me mettre à crier). Les gens demanderaient qui je suis, ce que je fais là. Elle aurait du mal à tout expliquer, à se justifier. Aïda sait très bien ce qu'elle fait.

De toute façon, elle n'a pas d'amis.

Le téléphone sonne.

Je prie pour que ce soit Jacqueline et pas un des deux autres qui risqueraient de monopoliser la ligne. Je n'en peux plus d'attendre. Aïda se précipite. Je reste dans la cuisine à faire la vaisselle, mais j'entends tout.

Je ferme les yeux. La chance va-t-elle enfin venir de mon côté ?

— Allô ? Quoi ? Qui ? Ah…

La voix d'Aïda se brise. C'est Jacqueline, forcément. D'où je suis, j'ai le son, pas l'image, je ne la vois donc pas mais je l'imagine facilement. À force, j'ai fini par la connaître. Aïda se décompose. Elle va s'asseoir sur le canapé. Elle perd pied. Je me demande ce que lui dit Jacqueline. J'espère qu'elle n'y va pas trop fort d'un coup.

J'ai peur d'être jetée à la rue sur-le-champ !

— Mais rien... Non... Il n'y a pas de problème... C'est juste compli...

Elle bafouille, cherche ses mots. À l'autre bout, il me semble que Jacqueline lui coupe la parole et lui rentre dedans sans ménagement. Je ne parviens plus à retenir le tintamarre qui se déclenche dans ma tête. Comme un concert endiablé de djembés, sur la plage, face à Gorée. Comme...

— Qu'est-ce que tu lui as dit à cette bonne femme ?

Aïda est derrière moi. Je ne l'ai pas entendue entrer dans la cuisine. Je n'ai pas entendu la fin de la conversation entre Jacqueline et elle.

Les djembés se sont arrêtés d'un coup.

— Rien.

— Comment, rien ? Elle dit que je t'interdis de voir ta sœur, que je t'empêche de sortir, que... je ne sais quoi encore... Salima, regarde-moi !

Je sors les mains du bac à vaisselle et me retourne lentement. Aïda est à un mètre de moi. Pour la première fois, je la fixe dans les yeux sans trembler. C'est elle qui baisse le regard, qui s'énerve, qui s'agite.

Jacqueline a raison : c'est elle qui a peur, désormais !

— J'en ai marre de toute cette histoire ! se met-elle à crier en faisant les cent pas dans la cuisine. Vraiment marre ! On veut aider les gens et voilà ce qu'on récolte ! Après tout ce que j'ai fait pour toi ! Avec tous les problèmes que j'ai déjà... Qu'est-ce que tu lui as dit ? Qu'est-ce que tu lui as dit ?

Je reste de marbre. J'attends quelques secondes avant de répondre :

— Rien. La vérité. Que j'avais très envie de voir Sophie et qu'il n'y avait personne pour m'emmener.

— C'est tout ? Rien d'autre ? Alors pourquoi elle dit que je te retiens prisonnière et que tu ne fais pas tes études comme prévu, et qu'il se passe quelque chose de bizarre ? Pourquoi est-ce que j'ai eu l'impression désagréable qu'elle me menaçait ?

— Je ne sais pas.

Je la fixe toujours droit dans les yeux. Mon visage n'exprime rien. Aïda me fixe elle aussi. C'est la guerre froide. Un silence de plusieurs minutes. Aïda réfléchit à toute allure. Elle espère peut-être me voir craquer.

Mais c'est elle qui cède la première.

— OK. Si tu veux aller voir ta sœur une journée, on va s'arranger. On trouvera une solution. Je peux peut-être demander à un de mes frères de t'accompagner. Je ne sais pas. Je suis fatiguée. On en reparle demain.

Je ne dis rien et pars me coucher. C'est seulement dans mon lit que je m'autorise à sourire. Ce soir, Aïda a perdu la bataille.

Maintenant, les choses vont être différentes et elle va se tenir sur ses gardes en permanence. Il n'est pas impossible, même, qu'elle décide d'attaquer. D'ailleurs, comme j'ai mal fermé la porte de la chambre, je l'entends qui retourne dans le salon et prend à nouveau le téléphone. Son avocat ! Elle téléphone à son avocat et je suis sûre que ce n'est pas pour lui parler de Pape et de son divorce, cette fois. Je tends l'oreille. Mais Aïda a un sixième sens et elle baisse le ton. Je ne perçois plus qu'un chuchotement lointain. Il n'y a rien d'autre à faire ce soir.

Il faut que je dorme.

Dès le lendemain, le changement est très net : désormais, Aïda a peur. Le matin, avant de partir au travail, elle me donne des tâches très précises et m'interroge sur mon emploi du temps. Pendant la journée, elle me téléphone plusieurs fois. Et le soir, elle me questionne de nouveau sur ce que j'ai fait, quasiment heure par heure. Elle m'observe. Elle est nerveuse, inquiète. Je me demande ce qu'elle a pu dire à son avocat. Pas la vérité, quand même !.... Elle lui a forcément menti ! Elle a dû un peu « transformer » les faits pour avoir l'air le moins coupable possible. Peut-être lui a-t-elle raconté qu'elle avait oublié de mettre à jour mes papiers, que la date était arrivée à expiration et qu'après c'était trop tard, donc impossible de m'inscrire nulle part, et qu'elle s'était retrouvée coincée sans savoir quoi faire de moi, que du coup elle me payait pour m'occuper de sa maison et de ses enfants, en attendant de régulariser ma situation, mais que je n'étais pas contente et je menaçais de me plaindre, ce qui était si injuste, etc., etc.

Quelque chose comme ça.

Elle ne va quand même pas lui avouer que tout était prémédité et que sa sœur et elle n'en sont pas à leur première expérience ! Ça me fait mal de penser à ça. Ça me ramène à la pauvre Awa... Et maintenant, il y a Raki qui commence à déprimer, comme je l'ai constaté la dernière fois que je l'ai vue. Il faut que je l'appelle, que je lui raconte pour Jacqueline, parce que, à présent, on a aussi Jacqueline avec nous et elle, j'en suis convaincue, elle va agir pour de vrai, elle a l'habitude de se battre pour les autres et elle n'en a rien à faire d'Aïda, de Fatou et de leurs relations haut placées au Sénégal.

Jacqueline n'a pas peur d'elles.

Pour téléphoner à Raki, je dois aller à la cabine. Pas question de le faire de l'appartement. Maintenant qu'Aïda est devenue très méfiante à mon égard, elle va tout vérifier, tout examiner à la loupe. Si elle tente d'appeler et que la ligne est occupée ? Si elle s'aperçoit que nous communiquons toutes les deux, qui sait comment Fatou et elle peuvent réagir ? Je crains Fatou. Je suis certaine qu'Aïda a dû la mettre au courant du « problème Jacqueline ».

Nous devons rester très prudentes.

— Mon frère Mohamed t'amènera dimanche voir ta sœur. Il viendra te chercher vers 10 heures du matin et te ramènera vers 18 heures. Comme ça, tu as toute la journée pour être avec elle. Tu es contente, j'espère ? C'est un grand service qu'il nous rend.

Mohamed, le mécanicien d'avions pas très joyeux. Dans ma tête, ça me fait rire d'entendre Aïda parler de « service ». C'est le monde à l'envers ! Mais je ne laisse rien paraître. Je sais qu'elle dit cela pour essayer de me culpabiliser. Ou pour m'annoncer de façon indirecte que cette journée est exceptionnelle, et qu'il n'y aura pas de deuxième fois.

J'aurais envie de lui répondre que je n'ai pas à être particulièrement « contente ». Que rendre visite à ma sœur qui est sur le point de se faire opérer du cœur me paraît simplement normal.

C'est plutôt tout le reste qui ne l'est pas !

— Mais je te préviens, reprend Aïda, d'une voix sèche et cinglante, fais bien attention à ce que tu racontes là-bas...

XII

Ce dimanche est à marquer d'une pierre blanche. Pour la première fois en trois ans et demi, je sors de mon périmètre habituel pour une vraie grande journée. J'ai l'impression d'être en liberté conditionnelle !

À travers le pare-brise de la voiture de Mohamed, je regarde tout, partout, je me baigne de paysages, je me remplis le plus possible, les yeux écarquillés, car je sais qu'il faudra, dès ce soir, que je me contente à nouveau des murs de l'appartement d'Aïda et des immeubles gris du quartier Bel-Air. Même si la route entre Saint-Germain-en-Laye et Champigny-sur-Marne n'est pas très belle, elle est pleine de verdure et ça fait du bien. Je respire un peu mieux.

Bientôt j'aperçois de l'eau, un fleuve. C'est la Marne.

Jacqueline et son mari habitent une très grande maison. En réalité, il s'agit même de deux maisons accolées. Plusieurs chambres et salles de bains sont réservées aux Africains en convalescence. J'ai l'impression d'être dans un palais avec partout des objets, des tapis et des masques de chez moi.

Jacqueline est exactement comme je l'imaginais : petite et robuste, franche et sympathique. Elle me serre tout de suite contre elle. Mohamed est reparti aussitôt. Sans même descendre de voiture, il a baissé sa vitre et prévenu qu'il reviendrait vers 17 ou 18 heures. Je ne sais pas ce qu'il va faire de sa journée.

Je m'en fiche.

Je suis heureuse d'être là.

— On va bien en profiter, tu vas voir, me dit Jacqueline. Sophie t'attend au premier étage, je vais te montrer. Je voulais juste te demander une chose, ma petite fille, je suis sûre que tu comprendras... ajoute Jacqueline presque à voix basse. Ta sœur est très fragile, très inquiète par rapport à son opération. Et puis surtout... depuis notre coup de fil, elle se fait beaucoup de soucis pour toi. Beaucoup. Elle a même appelé vos parents à Dakar... Alors ce serait bien de ne pas trop en rajouter...

Je sens des frissons dans tout mon corps. Sophie a tout raconté à mes parents ? J'ose à peine poser la question suivante :

— Ils l'ont crue ?

— Ils ne comprennent pas tout à fait. Ils sont très choqués. Très, très choqués. Ils disent que tu dois rentrer tout de suite à Dakar, mais je leur ai parlé...

Jacqueline a expliqué à mes parents que je ne pouvais pas partir comme ça, sans rien, sans indemnités, sans papiers. Elle leur a demandé d'être patients et de faire comme si de rien n'était avec Aïda et l'ami d'enfance de ma mère... Ils n'étaient pas d'accord au début... Ils ne veulent pas faire d'histoires. Ils ont peur du scandale et puis surtout ils sont très inquiets, mais ils ont fini par l'écouter... Et ma mère a dit à Jacqueline qu'ils allaient installer le téléphone, une ligne fixe, chez eux, pour pouvoir m'appeler souvent chez Aïda, la journée, quand je suis seule. Ils sont très en colère contre elle, même s'ils doutent encore, s'ils ont encore du mal à croire toute cette histoire.

J'attendais ce moment depuis si longtemps ! Je suis submergée par les larmes et je m'effondre dans les bras de Jacqueline.

— Allez, ma fille. Ça va aller, ne t'en fais pas. À présent, tout le monde saura ce qu'on t'a fait. Tu n'es plus seule. Ça doit te rendre plus forte.

Le corps de Jacqueline est aussi réconfortant que sa voix. Ça fait combien de temps que je ne me suis pas retrouvée dans les bras de quelqu'un ? Que je n'ai pas senti un peu de chaleur humaine ?

Le regard de Jacqueline ne me quitte pas. Elle me parle, me touche, m'embrasse. J'existe à nouveau !

— Maintenant, tu vas aller voir ta sœur, continue Jacqueline. Elle est si impatiente de te retrouver ! Mais fais comme je t'ai dit, s'il te plaît, ne l'affole pas, elle est déjà très angoissée. Et elle se sent coupable par rapport à toi. Elle, comme toute ta famille d'ailleurs. Alors ne lui dis pas tout. On parlera de ton affaire toi et moi, dans les détails, un peu plus tard. Je t'appellerai dès demain. Tu es seule le lundi à l'heure du déjeuner ?

Avec un grand sourire, je fais signe que oui à Jacqueline. Maintenant que je me sens plus forte et vivante à nouveau, je n'ai pas l'intention de faire du mal à ma chère Sophie.

Nos retrouvailles sont émouvantes. Ça serait difficile autrement. Nous pleurons dans les bras l'une de l'autre. Je trouve Sophie préoccupée. Elle est toujours aussi belle, c'est vrai, mais ses expressions ont changé ; pourtant, c'est elle qui s'inquiète de moi, elle me dit que j'ai maigri, qu'on dirait que je n'ai rien mangé depuis trois ans et me demande de raconter comment ça se passe avec Aïda…

J'ai bien en tête les recommandations de Jacqueline. En même temps, je ne peux pas mentir à Sophie ! Alors je lui parle de ces trois années et demie mais sans trop entrer dans les détails, sans m'apitoyer sur mon sort. En minimisant un peu les faits.

Je vois bien qu'elle est partagée, à la fois consternée et incrédule. D'ailleurs elle n'arrête pas de répéter : « Je ne peux pas le croire », « Je ne peux pas le croire ! » Elle s'inquiète de la suite, de maintenant. Que va-t-il se passer ? Comment me sortir de là ? Et le bruit que ça va faire à Dakar ? Nos parents sont très sensibles au qu'en-dira-t-on.

Ce sont des gens tranquilles qui n'ont jamais fait de remous. Et l'ami d'enfance de maman ? me demande Sophie au bout d'un moment.

Sujet délicat. On le connaît tous très bien. On a grandi avec lui. C'est comme un oncle pour nous.

Je ne réponds rien.

Sophie entend mon silence comme une accusation muette :

— Tu crois qu'il était au courant ? Oui, il l'était forcément… Tu ne dis rien ? Tu penses qu'il est coupable, n'est-ce pas ?

Je secoue la tête et hausse les épaules. Qu'est-ce que ça change ? Il ne paiera jamais rien. Il s'en tirera toujours. Aucun doute là-dessus.

— Je ne lui adresserai plus jamais la parole, dit Sophie en me prenant dans ses bras.

Les larmes coulent lentement le long de ses joues.

— Ma petite sœur, ma pauvre petite Salima… Tu te souviens quand on dormait toutes les trois dans la même chambre avec Late ? Comme j'ai pu être jalouse de toi quand tu es née ! Tu étais la préférée de papa, vraiment, il ne s'en cachait même pas ! Et après, j'étais si fière d'être ta sœur aînée… de te protéger… Je n'ai pas su te protéger…

Sophie est pleine de remords. Elle s'en veut terriblement de ne pas avoir ouvert les yeux plus tôt. À présent, je réalise que cette histoire va faire du mal à tout le monde, quoi qu'il arrive.

— On a tous fait confiance, ce n'est pas notre faute, reprend Sophie. Si on avait su, bien sûr qu'on…

Je n'accuse personne ! À part Aïda. Je n'en veux à aucun membre de la famille. Je n'ai aucun compte à régler. J'estime qu'ils sont innocents, par ignorance. Sauf l'ami d'enfance de ma mère.

Mais je sais qu'ils vont tous avoir besoin de se justifier, qu'ils vont se chercher des circonstances atténuantes. Au fond, peut-être plus pour eux que pour moi.

Je prends la main de Sophie. On a onze ans d'écart toutes les deux. Elle vient d'avoir 31 ans. Je ne crois pas qu'elle se mariera un jour. Elle prétexte son cœur. En réalité, je pense qu'elle a décidé depuis toujours de rester auprès de nos parents.

Doucement, je change de sujet et la fais parler du pays, de la famille.

La journée file à toute vitesse. Jacqueline se montre discrète, pudique. On ne la voit qu'au moment du déjeuner, un véritable festin sénégalais préparé en mon honneur, relevé, très épicé, un régal ! Elle me gave ensuite de pâtisseries, m'oblige à boire des litres de thé fumé, ma boisson préférée. Je ne peux pas tant manger, je n'ai plus l'habitude ! Mon estomac doit être tout resserré. J'ai peur d'être malade. Je m'endors sur le canapé. Je dors deux grandes heures. Sophie et Jacqueline n'osent pas me réveiller. Après, je leur en veux. Nous avons si peu de temps ! Mohamed va bientôt arriver et qui sait quand je pourrai revenir ? Je m'attends au pire.

Les adieux sont déchirants. Nous avons beaucoup de mal à nous séparer une nouvelle fois, Sophie et moi. Quand nous reverrons-nous ? C'est trop dur !

Sophie va se faire opérer du cœur, et je retourne dans ma prison.

Le soir même, Aïda m'interroge sur ma journée, sur Jacqueline. Je fais la naïve. Je veux qu'elle soit rassurée, qu'elle ne se doute de rien. Je la remercie beaucoup de m'avoir permis d'aller voir ma sœur.

Ce changement d'attitude de ma part la rend un peu méfiante. Je sais qu'elle ne va pas relâcher sa vigilance tout de suite.

De toute façon, j'ai la ferme intention d'être encore plus prudente.

Dès le lendemain, et tous les jours qui suivent, quand Jacqueline appelle, nous restons très peu de temps en ligne. Elle prend de mes nouvelles, m'informe des recherches qu'elle fait pour moi. Elle me dit d'être patiente. C'est toujours la même histoire : sans preuve ni papiers, je ne suis pas vraiment dans une position de force. Au contraire, je pourrais me retrouver à la place de l'accusée !

Alors il faut attendre, encore attendre ! Je suis un peu déçue, c'est vrai. Je croyais voir le bout du tunnel.

Il ne faut pas que je me décourage.

Le mois de juin défile et je n'ai pas revu Sophie. Il ne vaut mieux pas. L'ambiance avec Aïda est déjà très tendue, électrique. Depuis cette journée chez Jacqueline, elle me soupçonne de manigancer quelque chose. Elle m'espionne autant qu'elle peut. Maniaque comme je suis, j'ai remarqué qu'elle fouillait dans mes affaires. C'est facile. Elle ne replace pas mes habits exactement comme je le fais. Et moi, je sais très précisément comment je plie mes vêtements.

Je ne sais pas ce qu'elle cherche. J'en ai parlé à Jacqueline au téléphone et elle m'a dit que ce n'était pas bon si Aïda avait la trouille car ça pouvait la rendre méchante et hystérique. Impulsive. C'était plus prudent de ne pas se voir, et puis c'était mieux aussi pour Sophie qui avait eu beaucoup de chagrin la dernière fois, a ajouté Jacqueline.

Je savais qu'elle avait raison. J'avais trop peur d'être renvoyée comme une malpropre à Dakar du jour au lendemain et qu'il m'arrive ce qui était arrivé à Awa. Parce que, même si désormais ma famille connaissait une partie de la vérité, il y aurait des tas de gens pour douter. Je n'avais aucune preuve. Et le doute, il n'y a pas pire : on reste sali à jamais. Comme Awa.

L'opération de Sophie a lieu début juillet. Je passe pratiquement toute la journée à prier pour elle. Ce jour-là, je sens énormément à mes côtés mon autre sœur, ma jumelle, celle qui est partie avant nous toutes. J'ai l'impression qu'Elle veut me rassurer, me dire qu'il n'y a aucun souci à se faire, qu'il faut avoir confiance en Elle car Elle est là pour nous. Elle se fond en moi. Elle est une part de moi, comme je suis une part de Sophie, de Late. Nous sommes toutes les sœurs Sy, dans une sorte de fusion. Si on fait mal à Sophie, je souffre aussi.

Le jour de son opération, mon cœur bat plus vite. Je ne suis pas dans un état normal. Aïda l'a compris. Elle m'a vue préparer mon boubou de prière. Avant de partir travailler, elle a même un mot gentil à mon égard :

— Tout se passera bien, ne t'en fais pas. Les médecins français sont les meilleurs du monde. On appellera ce soir.

Elle n'est pas totalement inhumaine, je me dis. Je me sens si fragile que je me jetterais presque dans ses bras, en oubliant le mal qu'elle m'a fait et qu'elle continue de me faire. C'est une des journées les plus longues de ma vie. Mon calvaire me paraît si dérisoire par rapport à ce qu'endure Sophie au quotidien, à cette menace qui est là en permanence et avec laquelle elle doit vivre sans protester.

Quand Jacqueline téléphone enfin pour dire que tout s'est bien passé et que Sophie vient de se réveiller, je pleure de soulagement, d'épuisement. C'est à elle qu'on vient d'ouvrir le cœur et c'est moi qui suis blessée de part en part.

L'été est là et je me demande où Aïda et Fatou vont nous caser cette année, Raki et moi.

Pas de chance, c'est encore chez Anna !

Retour donc à Athis-Mons, à l'atmosphère enfumée, au vacarme des avions, à la petite chambre où nous nous terrons quasiment du matin au soir et que je quitte seulement pour aller téléphoner d'une cabine. Les quelques francs que m'a donnés Aïda avant de partir passent tous dans des cartes téléphoniques. C'est important pour moi, vital même. C'est mon seul lien avec le monde extérieur. J'appelle Jacqueline, Sophie, Manuela, mes parents. Une fois par semaine. Ça me permet de tenir, comme les détenus en prison qui attendent le jour de visite de leurs proches.

Les conversations avec mes parents ne sont pas vraiment réconfortantes. Ils sont désemparés. L'ami d'enfance de ma mère leur tient un autre discours que le mien et ça les perturbe beaucoup. Ma mère continue de lui témoigner une confiance aveugle et je sens bien qu'elle pense un peu que j'exagère, ou que je lui cache quelque chose, ce qui est pire. Elle ne prendra pas parti pour moi. Elle voudrait que je rentre et que tout soit oublié, qu'on n'en parle plus. Paris/Dakar en classe économique et hop ! terminé, affaire classée. À quoi bon retourner le couteau dans la plaie, il faut regarder de l'avant...

Un fossé nous sépare. Ça me fait mal. Je commence à déprimer de nouveau. Aïda ne leur a évidemment pas rendu visite cet été non plus, mais mes parents lui trouvent des circonstances atténuantes :

— Elle est très prise avec son divorce, me dit même ma mère un jour.

Comme s'il fallait encore trouver des excuses à Aïda !

L'été s'achève. Aïda revient et, une fois de plus, tout reprend comme avant, sans qu'il soit question d'études ou de lycée. Moussa est chaque fois plus insolent et difficile. J'ai des problèmes de dos. Aïda s'absente de plus en plus souvent pour son travail. Sa mère s'installe alors dans l'appartement pendant deux ou trois semaines.

Sophie a bien récupéré, c'est la bonne nouvelle. Elle rentre au Sénégal fin septembre sans que je l'aie revue. L'autre point positif, c'est que l'opération se soit bien passée pour elle et qu'elle va maintenant pouvoir défendre ma cause de vive voix, auprès de tout le monde là-bas. Sophie a la réputation d'être mature, sérieuse.

Personne ne remettra sa parole en cause.

Quant à moi… j'attends. Je prie. Je m'écroule parfois. Je refais dix fois mes cours de français pour rester active et tuer le temps.

Chaque fois que j'ai un espoir, chaque fois que je crois entrevoir une possibilité de sortie, tout finit par s'effondrer.

Je me sens moins seule parce qu'il y a des gens qui m'appellent, qui essaient de m'encourager, qui me répètent qu'ils sont là, que je vais m'en sortir, que ça va s'arrêter à un moment ou à un autre.

Alors, un jour où je n'en peux vraiment plus, un jour où je sens que je pourrais basculer dans je ne sais quoi, je ne sais où, je décide de m'offrir une petite escapade. Une bouffée d'air. Sinon je vais mourir !

Aïda n'est pas là depuis plusieurs jours. Elle est à New York et, du coup, elle ne téléphone pratiquement pas, elle ne contrôle plus mon emploi du temps heure par heure. Sa mère est vautrée sur le canapé devant ses feuilletons d'amour américains. Tant mieux, quand elle est comme ça, absorbée par la télé, elle se fiche pas mal de mes allées et venues ! Elle ne tourne même pas la tête quand j'entre dans la pièce ou quand j'en sors. Sinon, c'est une vraie fouineuse et une vraie rapporteuse, toujours derrière mon dos à vérifier ce que je fais, avec qui je parle au téléphone.

Les enfants sont à l'école. Il est 11 heures du matin, j'ai rangé la maison à toute vitesse.

Je dis à la mamie que je vais au centre commercial. Elle grogne quelque chose d'indistinct. Je sors. En fait, j'ai un plan. Ça fait quelque temps que j'y pense. J'ai écouté les parents d'élève devant l'école de Mama, les mères au jardin d'enfants. J'ai lu le petit journal local qu'on reçoit gratuitement dans la boîte aux lettres tous les mois et qui donne des nouvelles de la ville. Je sais qu'il y a un marché le jeudi, dans le centre de Saint-Germain-en-Laye. J'ai étudié un plan à l'arrêt de bus. J'ai envie de me prouver que je suis capable de faire quelque chose toute seule. J'ai envie de surmonter ma peur des autres, de l'extérieur, de la police, de la France.

Nous sommes jeudi.

Je quitte l'appartement presque comme une voleuse. Et si on me demande mes papiers ? Tant pis. Je ne reculerai pas.

À l'arrêt de bus, j'essaie d'avoir l'air le plus naturel possible. Avec mon jean, mes baskets, mon blouson. Je suis une jeune fille comme les autres. En noir. Personne ne me prête attention. C'est une des caractéristiques des Français : ils ne s'intéressent pas aux autres, ils se comportent comme s'ils ne les voyaient pas. Pour une fois, ça m'arrange !

Dans le bus, je me détends un peu. Le prix du ticket me semble élevé. Aïda me donne si peu d'argent ! Je repère toute seule l'arrêt où je dois descendre. Je ne veux rien demander à personne.

Arrivée au centre, je m'enfonce dans le marché, au milieu des fringues suspendues, des bijoux africains, des babioles ici et là. J'aimerais tant pouvoir m'offrir un pull, un tee-shirt ! Mais je n'ai pas assez d'argent et j'ai peur d'être arrêtée. J'ai l'impression d'être en cavale. Je me retiens sans cesse de me retourner et de vérifier si personne ne me suit.

Au bout de trois quarts d'heure, je pense qu'il vaut mieux rentrer. Ça suffit pour aujourd'hui. Je ne dois pas tenter le diable davantage et je crois que j'ai perdu l'habitude de la liberté. Je reprends le bus en sens inverse. Le trajet me semble plus long. Je crains que la mamie ne se doute de quelque chose. Arrivée à Bel-Air, je cours jusqu'à l'appartement. Et si c'était la police qui m'accueillait ?

Mais la mère d'Aïda n'avait pas bougé d'un pouce. Est-ce qu'elle s'était même rendue compte que j'étais partie ? Je me suis sentie à la fois soulagée et amère.

À ce moment là, j'ai compris qu'il me faudrait du temps pour revenir à la vie normale si un jour...

Le 31 décembre, à minuit, le monde entier célèbre l'an 2000. À Sens, où nous sommes tous, chez Manuela, je ne fais aucun vœu. J'ai perdu la foi.

J'entame ma quatrième année de captivité.

XIII

Mes parents, mes frères et sœurs, Jacqueline et Manuela m'appellent une fois par semaine en cachette d'Aïda. Pour me donner du courage, me remonter le moral. Me montrer qu'ils sont solidaires. Mais qu'est-ce que ça change pour moi ? Les semaines s'enchaînent, les mois, et il ne se passe toujours rien ! Sans ce fichu passeport, je suis bloquée, je n'ai aucune possibilité d'agir. Je n'en peux plus, je suis vraiment à bout. À présent, je me fiche de mes études !

J'en ai marre de vivre dans l'angoisse, la tête courbée. D'attendre je ne sais quoi, je ne sais qui. De continuer à fouiller, en vain, dans les affaires d'Aïda qui n'arrête pas de m'épier.

Quoi qu'il arrive. Je ne suis pas seule, c'est ce que je me dis. Raki est dans la même situation. En pire. Car Fatou est pire qu'Aïda. Je me répète cela sans cesse : je ne suis pas seule. Et puis on me téléphone, on ne m'oublie pas tout à fait. Si, concrètement, ça ne règle rien, au moins ça me rappelle que j'existe encore. Pour quelques personnes. Même Aïda, avec ses coups de fil à l'improviste pour vérifier ce que je fais et si je suis bien là, me maintient en vie sans s'en rendre compte.

Au mois de mars 2000, le divorce de Pape et d'Aïda est prononcé. Il a été décidé qu'il vivra à Dakar avec sa nouvelle femme et qu'Aïda restera à Saint-Germain-en-Laye avec les enfants. Je ne sais pas ce qu'elle a obtenu d'un point de vue financier. Aïda et moi ne nous parlons quasiment pas.

Alors encore moins de ça.

En tout cas, un matin, juste avant de partir au travail, elle me prévient que Pape passera dans la journée récupérer ses affaires :

— J'ai préparé ses sacs. Ils sont dans la chambre. Vérifie qu'il n'emporte rien d'autre, et surtout qu'il rende bien les clés. Je pense qu'il restera un moment pour voir les enfants. Je veux qu'il soit parti quand je rentre.

Elle fait comme si elle avait tiré un trait sur toute cette histoire et qu'elle ne voulait plus en entendre parler. Mais c'est un mensonge, ça aussi. J'imagine que c'est dur pour elle. Elle n'a pas fini de pleurer encore, c'est sûr. Elle était tellement amoureuse de lui. Se retrouver seule à 40 ans. Quittée pour une autre. Dans un pays étranger. D'une certaine manière je la plains, je ne peux pas m'en empêcher, c'est dans ma nature, mais son malheur ne me fait pas oublier le mien, ni ce qu'elle me fait.

Et les enfants ? Ils vont forcément être perturbés par cette situation ! Je crains le pire ! Une fois de plus, celle qui risque de payer les pots cassés et les sautes d'humeur des uns et des autres, qui est-ce ?

Moi.

Je ne me suis pas trompée, malheureusement. Pape couvre les enfants de câlins et de cadeaux. Pendant trois heures, un désordre sans nom règne dans l'appartement. Quand il part, Mama ne s'arrête plus de pleurer, refuse de faire ses devoirs, de prendre son bain et même de manger. Quant à Moussa, il est fou furieux, casse un vase dans le salon, se retourne contre moi, me traite de tous les noms. Évidemment ! Il faut bien que quelqu'un paie !

Je ne sais pas comment m'en sortir. Je ne suis pas leur mère, c'est une trop grosse responsabilité. J'ai envie de me sauver très loin de cet enfer, de toute cette souffrance qui ne cesse d'imploser !

Au secours !

Aïda ne rentre pas avant 21 heures et tout ce qui l'intéresse alors, c'est ce qu'a dit Pape, ce qu'il a emporté, comment il était habillé, s'il avait l'air triste, etc. Elle me bombarde de questions alors que les enfants tournent autour de nous en criant, en s'agrippant à elle comme des naufragés.

— Il portait un costume bleu marine et il a pris les sacs que tu avais déjà préparés, c'est tout. Il a dit qu'il te laissait tout le reste. Il a fait plein de cadeaux aux enfants qui étaient très contents de le voir. Et maintenant, c'est dur pour eux. Il n'avait pas l'air triste. Il était bien. Il n'a rien dit d'autre.

Je suis épuisée. Physiquement, nerveusement. Au point que lorsque Aïda commence à pleurer et que Mama – et même Moussa ! – s'y mettent aussi, je ne peux pas me retenir non plus.

Et nous tombons en larmes dans les bras les uns des autres. C'est la première fois, en toutes ces années, que nous ne formons plus qu'un seul bloc.

Dès le lendemain, la vie reprend vite son cours. En pire. Les enfants sont très bouleversés. Ces quelques heures avec leur père ont finalement été plus dures pour eux que s'ils ne l'avaient pas revu du tout. Ils ont encore été obligés de se séparer de lui. Et ils ont compris cette fois qu'il ne reviendrait pas !

Du coup, ils sont de plus en plus ingérables. Quant à Aïda, elle est épouvantable et passe ses nerfs sur moi. Elle me fait peur. Parfois, je me dis qu'elle pourrait me tendre un piège à tout moment, se débarrasser de moi si facilement. J'en sais tant sur elle ! Mais je n'ai aucun moyen d'agir, je suis à sa merci.

En octobre 2000, un de mes frères me téléphone. Il me dit qu'il a une amie, Fanta, qui travaille en France, près de Paris. À Aulnay-sous-Bois. Elle était à Dakar cet été. Il lui a raconté toute mon histoire et il lui a donné mon numéro. Elle va me contacter. Elle veut me parler. Elle veut me voir.

L'amie de mon frère m'appelle quelque temps plus tard. Ça tombe mal, c'est la Toussaint, les vacances scolaires. Les enfants sont là. Je lui demande de rappeler plutôt fin novembre. J'attends son coup de fil avec impatience et beaucoup d'espoir. Pourrait-elle faire quelque chose, vraiment ? Ou s'agit-il encore d'une illusion ? Je suis entourée de gens de bonne volonté, c'est vrai, mais la volonté ne suffit pas !

Quand elle me rappelle, Fanta m'explique comment venir à Aulnay-sous-Bois. Elle ne perd pas de temps et va droit au but. Mon histoire, elle en connaît l'essentiel, grâce à mon frère. Elle a déjà réfléchi à ce qu'on devait faire. Elle travaille à la mairie. Elle veut que je vienne pour qu'elle puisse noter précisément tout ce que je lui dirai. Et sa collègue nous servira de témoin. C'est important. On ne peut pas entreprendre de démarche sans document écrit, m'explique-t-elle.

— De démarche ?.... D'accord, mais tu sais, je dois être rentrée avant 16 h 30, et je n'ai jamais pris le RER, je ne sais pas co...

— Prends une feuille et un crayon, et écoute-moi bien. C'est très simple...

J'écris toutes les indications qu'elle me dicte. Dans ma tête, je retiens surtout la dernière instruction : « Cache bien cette feuille pour que la dame ne la trouve pas. » Elle insiste pour que je vienne au plus vite, dès le lendemain. Il faut battre le fer tant qu'il est chaud, d'après elle. Fanta a raison. Il ne faut pas que je laisse au découragement, à la peur, le temps de m'envahir. Je dois profiter de cette nouvelle lueur d'espoir qui s'allume. Et si Aïda téléphone plusieurs fois dans la journée ? Et le ménage, le repassage ? Tant pis ! Je suis prête à prendre le risque. J'irai.

J'essaierai de tout faire avant.

Je ne dors pas beaucoup cette nuit-là. L'excitation, l'angoisse m'empêchent quasiment de fermer l'œil. Le doute aussi. Les heures passent lentement dans la chambre des enfants. Mille fois j'ai le temps de me persuader que je suis sur le point de faire une bêtise, qu'il ne faut pas que j'y aille. Et s'il y a un contrôle dans le RER ? Qu'est-ce que je deviens ? Noire, étrangère et sans papiers. Embarquée au poste et peut-être jetée en prison ? C'est de la folie. Aïda m'a toujours répété que j'étais dans l'illégalité. Exprès, bien sûr. Pour me fragiliser, me maintenir dans la peur, m'empêcher de sortir. C'est de l'intimidation. J'ai beau le savoir, le mal a fait son chemin. Dès qu'il s'agit d'aller dehors, je tremble comme une feuille. Dans le même temps, inlassablement je me répète qu'il ne faut laisser passer aucune opportunité. Que ce sont peut-être ces quelques heures volées à Aulnay-sous-Bois qui me conduiront vers la sortie.

Je me tourne et me retourne dans mon lit, pesant le pour et le contre. Je pense aux paroles de Jacqueline : « Celle qui doit avoir peur, celle qui est dans l'illégalité, c'est elle ; pas toi. »

Mais au petit matin, mon plan s'écroule. Aïda est incapable de se lever de son lit. Elle a un mal de ventre terrible et se tord de douleurs. Arrivé en urgence, le médecin l'hospitalise pour quelques jours. Pendant ce temps-là, c'est moi qui dois tout organiser, prévenir sa sœur, sa mère, tout le monde. Aïda a eu une hémorragie, suite à un avortement qui s'est mal passé il y a plusieurs années. Elle est arrêtée pour au moins six semaines. Sa mère débarque de Dakar aussitôt.

Fatou envahit l'appartement dès qu'elle peut. C'est la poisse. Quelle malchance !

Je suis coincée au moins jusqu'à Noël !

2001 arrive sans que j'aie pu bouger ni avoir de nouvelles de Fanta. Aïda reprend le travail doucement. Je regarde passer les jours, les semaines, impassible. Je n'éprouve plus rien. Je ne pleure plus depuis longtemps. Je n'y parviens plus.

Je sais que ce n'est pas normal.

Fanta me rappelle. Elle me dit de venir et insiste pour que je continue de fouiller dans les vêtements d'Aïda, partout. Elle est sûre que mes papiers sont encore dans l'appartement. Elle ne peut pas les avoir brûlés, elle ne peut pas les avoir emportés au bureau, me répète Fanta. À quoi bon ? J'ai déjà regardé partout.

— Il y a toujours un endroit qui nous échappe, s'obstine-t-elle.

Est-ce vraiment possible ?

Et un jour, au mois de mars, au fond de la poche d'un autre jean d'Aïda, dans son fameux dressing, cachés sous une pile de pulls, je trouve mon passeport et mon certificat d'hébergement ! Tout. Moi, mon nom, ma photo, ma date de naissance.

Je n'y crois pas !

— Tu cours vite faire des photocopies et tu remets tout exactement à la même place, m'ordonne Fanta que j'appelle aussitôt. Tu ne dis rien à Aïda. Tu viens à Aulnay le plus vite possible.

Dès le lendemain, le cœur battant, je quitte l'appartement vers 10 h 30. J'ai de la chance, le bus arrive presque au moment où j'atteins l'arrêt. Je n'ai pas le temps de me poser de questions. Je ne peux pas reculer. Je monte. Comme j'ai déjà fait ce trajet une fois, je me sens presque en territoire connu. Pourtant, je tremble, apeurée. Tout me semble long : les arrêts, les feux... J'ai l'impression qu'on n'avance pas. Je ne cesse de me dire que ce n'est pas jouable. J'ai bien examiné la carte en suivant les indications de Fanta et, d'après ce que j'ai compris, Saint-Germain-en-Laye et Aulnay-sous-Bois sont à peu près à l'opposé, l'un à l'ouest de Paris et l'autre au nord. Fanta m'a assuré que, en RER, ça allait vite. Le RER, c'est un train, m'a-t-elle expliqué. Un train pour la banlieue de Paris, souterrain, fréquent, rapide. Je n'ai pas osé l'interroger, mais j'avoue que c'est très abstrait pour moi. Je n'ai pas d'autre référence que les trains de Dakar... Je sais qu'Aïda prend le RER tous les jours pour aller travailler. Mais ça ne signifie rien pour moi. C'est juste un mot : RER. Je ne vois pas du tout à quoi ça peut ressembler. Et, en plus, il va falloir que je change de train à un moment donné, m'a précisé Fanta.

C'est le bouquet ! Je me demande comment je vais y arriver. Et si je me perds ? Si, à 16 h 30, alors que je suis censée récupérer Mama à l'école, je suis toujours dans le RER, égarée ou bloquée ? J'ai si souvent entendu Aïda se plaindre des retards, des problèmes du RER, des grèves !

Il ne manquerait plus que je tombe sur elle...

Arrivée au centre de Saint-Germain, je me dirige vers l'entrée du RER. C'est indiqué par un grand panneau, je l'avais déjà repéré la dernière fois. Je tombe sur un escalier. Il faut descendre. Descendre très bas, sous terre. C'est terriblement sale. Ça sent affreusement mauvais. Il y a beaucoup de monde et un bruit assourdissant. Je n'en reviens pas. J'ai envie de me boucher les oreilles. Les gens courent partout. Tous ont l'air bizarre. J'ai des bouffées de claustrophobie, de panique. Je suis à deux doigts de renoncer. Mais il ne faut pas ! Il ne faut surtout pas. Salima, courage ! Si tu recules maintenant, tu ne sortiras jamais de cet enfer !

J'attends mon tour à un guichet pour acheter un ticket. Fanta m'a dit combien ça me coûterait. Elle a ajouté qu'elle me rembourserait l'aller-retour. Elle sait qu'Aïda ne me donne quasiment rien et que ce « rien » m'est compté. Deux cents francs, à peine, par mois. Et encore... Quand elle y pense. De quoi m'acheter des produits de base : savon, dentifrice, serviettes hygiéniques, shampoing, crèmes, etc. Pas grand-chose d'autre. Mais Fanta me remboursera, elle me l'a assuré.

Finalement, c'est plus facile que je le croyais. C'est bien indiqué et, avec ce que m'a dit Fanta, il y a peu de risques que je me perde. « Si tu as un doute, il ne faut pas hésiter à demander aux gens. À plusieurs personnes, même, pour être bien sûre », m'a répété Fanta. Mais je n'ai pas besoin. Je sais lire, je sais compter. Je suis encore capable de me débrouiller toute seule. Je me détends un peu, sans prêter très attention au paysage. De toute façon, le train s'engouffre à un moment donné dans un tunnel. Je garde mon calme.

À la station Châtelet, je suis un peu étourdie par la foule, tous ces quais, ces panneaux, ces lumières. On dirait un film de science-fiction ! Je me demande comment font les gens pour vivre tout le temps comme ça sans devenir fous ! Ce bruit. Ces odeurs. C'est si sale partout ! Je repère le quai du RER B. Il va à l'aéroport. L'aéroport où je suis arrivée il y a quatre ans et demi dans le but de finir mes études en France. Si j'avais intégré un lycée immédiatement, comme c'était alors prévu, je posséderais déjà mon bac et j'aurais commencé une spécialisation. Tout ce temps perdu !... À cette idée, je serre les poings et marche plus rapidement vers le quai. Je ne peux plus attendre !

Je ne peux plus regarder ma vie s'écouler, défiler sans moi ! Quel gâchis !

Il est quasiment midi quand j'arrive à Aulnay. Je trouve la mairie tout de suite. Fanta m'attendait. Elle m'accueille avec chaleur, à l'africaine. C'est si bon... Elle me présente à sa collègue qui part nous chercher à manger. Je sais que j'ai peu de marge. Pour être sûre d'être rentrée à temps, il faut que je reparte un peu avant 15 heures. La collègue de Fanta revient avec de petites barquettes qui sentent bon. C'est de la nourriture chinoise. Je goûte et j'aime. Je mange avec plaisir, ce qui ne m'arrive pas souvent ! Fanta et sa collègue sont contentes. Je suis en confiance.

Je me lance dans mon récit et elles me laissent parler sans m'interrompre pendant près de deux heures. Elles prennent des notes toutes les deux.

— Ce n'est pas croyable ! Ce n'est pas normal ! Ce n'est pas légal, ce qu'elle fait cette femme ! Elle doit aller en prison ! La France est un pays de lois ! s'écrie de temps en temps la collègue de Fanta.

— Maintenant, tu vas rentrer chez Aïda et surtout ne rien dire de cette journée à personne. Je te donne très vite des nouvelles, me déclare Fanta à la fin. Ne t'en fais pas, tu n'en as plus pour longtemps chez elle.

Je repars à toute vitesse, la peur au ventre.

Mais la chance est avec moi aujourd'hui. Je suis à Saint-Germain avant 16 heures et même en avance à l'école de Mama. Aïda n'a pas appelé de la journée. Elle est débordée par son travail.

Le soir, elle ne dit rien, ne fait pas attention au linge que je n'ai pas repassé. Elle est fatiguée, c'est la fin de la semaine. Demain, c'est le week-end, elle se fiche bien du reste. Elle ne peut pas imaginer ce que j'ai fait. Elle est à mille lieux de se douter que j'ai traversé tout Paris pour la dénoncer.

Je viens de reprendre ma vie en main.

Fanta me rappelle dès la semaine suivante :

— J'ai trouvé, Salima.

Je reste muette, pétrifiée. J'ai peur d'entendre la suite. D'être à nouveau déçue.

— Une association qui s'occupe de cas comme le tien. Tu veux bien noter les coordonnées ? Il s'agit du Comité Contre l'Esclavage Moderne, le CCEM. Je les ai contactés et leur ai raconté ton histoire. Ils vont te sortir de là. Ils attendent ton coup de fil...

Troisième partie

Revivre

Nul ne sera tenu en esclavage ni en servitude ; l'esclavage et la traite des esclaves sont interdits sous toutes leurs formes.

Déclaration universelle des droits de l'homme
Article 4

XIV

— Je serai là demain à 13 heures avec le matériel photo. Surtout, soyez discrète, ne changez rien à vos habitudes, restez la même. Elle ne doit avoir aucun soupçon. Il faut qu'on la prenne en flagrant délit.

3 mai 2001. Philippe, le juriste du CCEM, vient de m'appeler chez Aïda. Il y a quelques jours, j'ai téléphoné au Comité d'une cabine et je leur ai tout raconté, pour moi et également pour Raki. Ils étaient déjà au courant grâce à Fanta et à Jacqueline qui les a contactés pour témoigner elle aussi en ma faveur, dès que je lui en ai parlé.

J'avertis Raki. Je lui dis que nous serons libres très bientôt, que ce n'est plus qu'une question de jours. Quelqu'un va venir prendre des photos. Il faut des preuves. Montrer dans quelles conditions on vit, comment on est traitées. Raki est folle de joie. Je lui demande d'être vraiment prudente et encore un peu patiente. De faire confiance au Comité. Je la sens surexcitée.

Un peu trop.

— Calme-toi, Raki, s'il te plaît. Si Fatou se doute de quelque chose, tout est mort, tu m'entends ? Rappelle-toi ce qui est arrivé à Awa.

Au prénom d'Awa, Raki se tait. Je crains qu'elle ne fiche tout par terre. Cependant, il n'est pas question de partir sans Raki !

On a souffert ensemble, on s'en sortira ensemble !

Ce qui est fou, c'est que je croyais que nous étions les seules dans notre cas ! C'est sans doute toujours comme ça, on est persuadé que ce qui nous arrive est unique. Et on se dit que personne ne devinera notre situation, précisément pour cette raison : elle ne concerne que nous. Je n'ai donc jamais imaginé qu'il pouvait exister d'autres Aïda, d'autres Fatou, qui abusent de la naïveté de jeunes filles étrangères et leur volent des années de vie. J'ai toujours cru que nous étions les seules. Surtout ici, en France, dans un pays développé, riche !

Un pays de lois et de droits.

Le pays des droits de l'homme.

Quand la première personne du Comité avec qui je communique par téléphone m'apprend que nous sommes très nombreuses dans cette situation (je dis « nombreuses » car, même s'il y a quelques garçons, les victimes sont surtout des filles), je tombe des nues.

Je n'en crois pas mes oreilles :

— En France, on nous signale en moyenne 300 victimes par an, soupire la femme à l'autre bout du fil. C'est toujours la même histoire : on vous fait venir sous prétexte d'études, puis on vous prend vos papiers et on vous oblige à travailler dans des conditions inhumaines et, bien entendu, illégales. Sans aucune rémunération. Et ça, ça porte un nom : l'esclavage moderne. Les victimes ne peuvent rien faire. Elles ont peur, certaines ne parlent même pas français. D'autres sont maltraitées physiquement. Et, hélas, il y a aussi celles, ce qui n'est pas votre cas, heureusement pour vous, qui sont abusées... sexuellement. Sept jours sur sept, pendant des années...

J'ai cru que j'allais me trouver mal dans la cabine. Après avoir raccroché, je dois m'accroupir pendant quelques minutes. Je n'arrive plus à tenir debout. Je suis bouleversée. Non seulement nous ne sommes pas seules, mais en plus, d'une certaine façon, nous avons eu de la chance ! Nous nous en tirons bien, comparé à d'autres... Passé le choc de la révélation, je me ressaisis. Dans mon malheur, j'ai été protégée. Quelqu'un, quelque chose a veillé sur moi.

Ça doit me donner de la force et me rendre encore plus déterminée pour la suite !

Philippe arrive exactement à l'heure prévue.

— J'ai garé ma voiture un peu plus loin, me dit-il. Pour que personne ne fasse attention à moi.

Je l'attendais en tremblant. Je n'ai pas arrêté de trembler depuis ce matin. Et si le plan était découvert ? Si Aïda revenait à l'improviste ? Ou quelqu'un d'autre ? Si un voisin... ? Un étranger, en plus avec un appareil photo... On va se faire repérer ! Si... Si... Si... On ne s'évade pas avec des si ! Je me suis donné des gifles. C'est un risque énorme, mais nous n'avons pas le choix. Pour prendre en charge une « victime », le CCEM a besoin de preuves.

Cinq « conditions » définissent le statut de « victime d'esclavage moderne »[1] *:*

— la confiscation des papiers d'identité ;

— l'abus de vulnérabilité (c'est-à-dire des conditions de travail et d'hébergement qui sont des atteintes à la dignité humaine) ;

— la séquestration ou l'autoséquestration (quand la fille est sous l'emprise psychologique de son « employeur » qui lui dit qu'elle ira en prison si la police la trouve) ;

— la rupture des liens familiaux (avec interdiction de donner des nouvelles et d'en recevoir) ;

— l'isolement culturel.

Quand toutes ces conditions sont réunies, le CCEM peut prendre en charge la victime et entamer une pro-

1. Selon le CCEM.

cédure. C'est surtout la deuxième condition qui permet de rassembler le plus de preuves matérielles. Grâce aux photos, justement. On peut montrer un petit lit miteux, une commode bondée, un placard, l'espace de vie minuscule laissé à la victime.

Philippe a appelé cinq minutes avant pour vérifier que la voie était libre. Il sort son matériel de photo de son blouson où il l'avait caché.

— On va faire vite, m'annonce-t-il. Montrez-moi où vous dormez et où vous rangez vos affaires.

Je l'entraîne dans la chambre des enfants. Il photographie tout, plusieurs fois, fait de gros plans sur le vieux canapé-lit où je passe mes nuits et les deux tiroirs ridicules d'où débordent mes vêtements.

J'ai le ventre noué. Je demande à Philippe si nous sommes vraiment 300 dans le même cas.

— Sur les 300 cas qu'on nous signale, seule une centaine est prise en charge, même moins, malheureusement… répond Philippe en mitraillant tout ce qu'il peut.

— Pourquoi ? Pas assez de preuves ?

J'ai peur que ce soit ça. Qu'est-ce que ça prouve, en effet, la photo d'un lit, d'une commode ? D'un jean ? Aïda peut démentir ! Prétendre que j'ai tout mis en scène !

C'est sa parole contre la mienne !

— Pas assez de preuve, ça, c'est pour les plaintes. On n'obtient pas toujours de condamnation, hélas ! Certains tribunaux considèrent qu'il n'y a pas assez d'éléments, et les victimes ne sont jamais indemnisées. N'oublions pas que la notion d'« esclavage moderne » n'est pas encore reconnue dans le droit français aujourd'hui. Mais le vrai problème, il se situe surtout avant. Beaucoup d'entre vous ne vont pas au bout de leur action. Elles se rétractent, elles ont peur. Elles se disent que ça ne sert à rien. Elles subissent des pressions extérieures. Certaines sont vraiment traumatisées. Il leur faut du temps pour réapprendre à vivre, s'intégrer à nouveau dans la société, retrouver une vie normale. D'autres se disent qu'il vaut mieux tourner la page... Ce qui est un tort... On ne tourne pas une page sans avoir fini la précédente...

Il doit avoir raison. C'est sûr, la plupart des victimes redoutent le scandale et voudraient tout oublier, immédiatement. Elles croient que c'est possible. D'oublier, de pardonner, de tirer un trait du jour au lendemain. Par exemple, je devine déjà que mes parents, quand je sortirai de ce cauchemar, vont me dire : « Allez, Salima, il faut passer à autre chose, regarder devant toi. »

Pour ne pas faire d'histoires.

Mais c'est hors de question ! J'irai jusqu'au bout ! Je ne céderai devant rien ni personne ! Maintenant, je suis totalement décidée à faire payer Aïda. C'est vital. La dame du Comité avec qui j'ai parlé au téléphone la première fois m'a exposé clairement les choses : « Porter plainte, ce n'est pas se venger ; il n'est pas question de vengeance. Porter plainte, c'est le pas nécessaire pour redevenir libre, pour rétablir son identité. Souvent, les gens ne comprennent pas cela. Ils croient qu'être libre, c'est juste ne plus avoir de chaînes aux pieds. C'est faux. Ça ne suffit pas. Il existe des chaînes invisibles mais tout aussi puissantes. Ce sont elles qui empêchent d'avancer, de se reconstruire. Si elle ne porte pas plainte, la victime restera toujours une victime, dans sa tête, dans son corps, toute sa vie, elle n'en sortira pas, mais en plus elle ne sera pas reconnue officiellement comme victime. Pas de plainte, pas de crime. Donc pas de victime. Affaire classée. »

J'en avais eu froid dans le dos. Et quand je me rappelais ces paroles, j'étais glacée des pieds à la tête. Ce n'était pas seulement ces presque cinq ans passés qui étaient en jeu. C'était surtout le reste.

Le présent. L'avenir.

La vie devant moi.

Philippe ne s'attarde pas. Il a ce qu'il lui faut. Il me souhaite bon courage et me recommande encore une fois d'être patiente et prudente :

— Tenez bon. Maintenant qu'on a ça, vous allez bientôt pouvoir partir. On vous fera signe très vite. On vous dira ce qu'il faut faire, et à quel moment. Surtout, n'oubliez pas une chose : quoi qu'il arrive, ne partez pas sans vos papiers. Jamais. Vous pouvez tout laisser mais pas ça. N'oubliez pas. Vos papiers.

Il s'en va. Il doit passer chez Fatou prendre des photos. Je serre les poings. Il faut tenir. Tenir. Ce sont les derniers jours, les dernières heures peut-être ! C'est ce qui semble le plus long.

Pourvu que tout aille bien du côté de Raki...

Mais deux jours après la visite de Philippe, Aïda rentre à la maison comme une furie. Nous sommes le 6 mai 2001. C'est un samedi. Je ne sais pas où elle a passé sa journée. Chez Fatou ? Elle est hors d'elle.

— Qu'est-ce qui se passe ? Qu'est-ce que j'apprends ? C'est quoi, ce Comité machin ? C'est quoi, cette histoire de photos ? Je veux tout savoir ! Parle ! Tu ne quitteras pas cette pièce sans m'avoir dit la vérité !

Elle m'empoigne par le bras. J'ai l'impression qu'elle va me frapper. Les enfants n'osent pas bouger du canapé. Je crois qu'ils n'ont jamais vu leur mère dans cet état. Comment peut-elle savoir ? Qui a pu lui raconter ? Qui m'a dénoncée ? trahie ?

— Qu'est-ce que vous avez fait, Raki et toi ? Qu'est-ce que vous avez manigancé toutes les deux ? Parle ou je vais devenir dingue !

Raki ! Évidemment, c'est Raki ! Elle a tout flanqué par terre alors que nous étions si près du but ! Quelle poisse ! Où est-elle à présent ? Que s'est-il passé ? Comment Fatou a-t-elle réagi ?

Moi aussi, je me pose une multitude de questions ! Je ne veux pas répondre à Aïda. Le silence me protège. Elle ne peut rien contre moi. Elle est folle de rage mais elle est aussi très inquiète, ça se voit. Je n'ouvre pas la bouche.

Sur le canapé, les enfants ne disent rien, effrayés. Aïda comprend qu'elle doit parler la première.

Elle essaie de contenir sa colère, puis elle finit par lâcher le morceau : Fatou a trouvé une lettre dans les affaires de Raki. Une lettre qu'elle lui a écrite et qu'elle pensait lui envoyer ou lui laisser, elle ne sait pas... le jour où elle partirait. Une lettre qui disait « tu vas payer pour tout le mal que tu m'as fait », « tu vas aller en prison », et qui parlait du Comité...

— Tu es au courant ?

C'était donc ça ! Quelle imbécile, cette Raki ! Je suis furieuse après elle. Comment a-t-elle pu commettre une telle imprudence, faire une telle bêtise ? À ce moment précis, je lui en veux terriblement. Après tout le mal qu'on a subi, après toutes ces années d'attente, elle ne pouvait pas... ?

— Réponds !.... hurle Aïda, alors que Mama commence à pleurer.

Faut-il tout avouer ou tout nier en bloc ? J'ai très peu de temps pour me décider. Mais finalement, Aïda ne me laisse pas le choix. Sa voix se glace, elle prend son air le plus méchant :

— Je sais que tu es au courant. Pas la peine de me raconter des craques. Fatou a obligé Raki à tout lui raconter. Et tu sais où elle est Raki, maintenant ? Elle est dans un avion pour Dakar. Elle croit qu'elle va revenir, qu'elle est juste partie faire refaire des papiers, comme lui a dit Fatou. Mais c'est faux. Ses papiers, Fatou les a déchirés. Et elle l'a réexpédiée au pays par un sauf-conduit, ce matin même. Tu veux qu'il t'arrive la même chose ? Alors réponds ! C'est quoi, ce Comité machin ? C'est quoi, cette histoire de photos ? Quelqu'un est venu ici ?

Ce n'est pas du bluff, j'en suis sûre ! Je suis tétanisée. Je ne veux pas me laisser faire ! Je ne veux pas me retrouver à Dakar dans cinq heures en ayant tout perdu, comme Raki, comme Awa !

Je dois montrer à Aïda qu'elle ne peut plus rien contre moi. Alors j'avoue tout. Oui. Quelqu'un est venu. Un photographe du Comité Contre l'Esclavage Moderne. Il a pris plein de photos. Je leur ai tout raconté. Ils ont des preuves, des témoignages contre elle. Une femme de la mairie d'Aulnay-sous-Bois, une amie de mon frère, que je suis allée voir. Jacqueline. Mes parents, mes frères et sœurs... tout le monde est au courant.

Je suis debout devant elle. C'est un défi, un duel. Je joue le tout pour le tout.

Je la regarde droit dans les yeux :

— Maintenant, tu vas me rendre mes papiers et je vais partir d'ici pour aller chez Jacqueline.

Je veux bien lui faire comprendre que moi, je n'ai pas l'intention d'aller à Dakar. Je ne me laisserai pas mettre de force dans un avion. Récemment encore, au téléphone, Jacqueline m'a répété : « Tu viens ici quand tu veux. À n'importe quelle heure du jour et de la nuit. »

Aïda est sidérée. Elle a pâli. Pendant quelques minutes, elle ne sait pas comment réagir. Elle panique. Elle se met à courir dans tous les sens, ferme la porte d'entrée à double tour et met la clé dans sa poche, envoie les enfants apeurés dans leur chambre, murmure des mots incompréhensibles.

On dirait une folle.

— Tu ne partiras pas d'ici ! aboie-t-elle au bout d'un moment. Va te coucher ! Je ne veux plus te voir !

Elle attrape le téléphone, tente de joindre son avocat, appelle sa sœur, ses frères, pleurniche auprès des uns et des autres, raconte n'importe quoi. Je n'ai plus envie de la voir, moi non plus. Je n'ai rien mangé et je sais que je ne vais pas dormir de la nuit, mais je préfère aller dans la chambre.

Les enfants n'osent rien me dire. Ils sont étrangement calmes pour une fois et jouent dans leur coin. Ils m'observent en silence. Je m'assois sur le canapé-lit et prends ma tête entre mes mains.

« C'est bientôt la fin, Salima, me dit une voix intérieure. La fin du cauchemar. C'est peut-être la dernière nuit chez Aïda. Ne craque pas. Reste forte devant elle. »

Je me souviens d'avoir passé la nuit à veiller, assise sur mon lit. Les enfants ont mis un temps fou pour s'endormir. J'entendais Aïda faire du remue-ménage, téléphoner jusque tard dans la nuit. J'avais peur. Une partie de ma vie, toute ma vie peut-être, était en train de se jouer là, maintenant ! Je ne voulais pas être renvoyée à Dakar ! Je crierais, me débattrais ! Personne ne m'obligerait à embarquer, non ! J'étais plus forte qu'eux, il fallait que je sois plus forte qu'eux.

Au petit matin, Aïda entre dans la chambre et me regarde avec haine. Apparemment, elle non plus n'a pas dormi de la nuit.

— Tu dégages d'ici. Ce matin. Tu fais tes affaires et tu t'en vas. Mon frère Mohamed va te conduire où tu veux. Je ne veux plus te voir. Jamais.

Sa voix est plus calme mais ce n'est qu'une façade. J'ai peur que ce soit un piège pour m'emmener à l'aéroport. Ou pire... ? Qui sait ?

Aïda a l'air hystérique.

— Je ne pars pas sans mes papiers.

Elle s'arrête net, à la porte, et se retourne lentement avec un mauvais sourire. Elle pourrait me tuer, je crois.

Elle me dévisage un moment puis me lance :

— Tu les auras, tes papiers. À une condition.

Elle se dirige vers le salon. Je la suis. Elle a manigancé quelque chose, c'est certain ! Sur la table, il y a une feuille blanche et un stylo. En m'approchant, je commence à distinguer un texte écrit dessus.

— Tu signes ce document et je te rends tes papiers, affirme Aïda d'une voix glaciale.

Je lis : « Je soussignée Salima Sy, de nationalité sénégalaise, née à Dakar le 24 avril 1979, arrivée en France le 16 septembre 1996 pour y suivre des études, déclare sur l'honneur avoir vécu de mon plein gré depuis cette date chez Mme Aïda Toulaye qui m'a nourrie et hébergée pendant toute cette période, et n'avoir jamais subi de mauvais traitements de sa part. À Saint-Germain-en-Laye, le 7 mai 2001. Signature. »

Je repose la feuille et je dis à Aïda que je ne signerai jamais cela.

— Alors tu peux dire adieu à tes papiers.

Aïda semble déterminée. Elle a dû avoir son avocat. C'est lui qui l'aura conseillée. Je suis piégée. Écœurée. Je ne peux plus rester ici ! Aïda me met à la porte et, de toute façon, ce n'est plus possible désormais. Je veux partir, je veux sortir ! Mohamed va bientôt arriver. Je retourne dans la chambre mettre mes vêtements dans mon sac.

Je me revois le jour de mon arrivée en France. J'ai les mêmes affaires, le même sac, les mêmes jeans. Je suis presque habillée pareil. Rien n'a changé.

Sauf que presque cinq ans ont passé.

Je refuse de balayer ça comme si de rien n'était !

Les enfants me regardent sans comprendre. Moi-même, j'ai un peu de mal à réaliser ce qui se passe. Ce soir, je ne dormirai plus là ! Ça y est ! Je m'en vais !

« Surtout, quoi qu'il arrive, ne partez jamais sans vos papiers ; ne l'oubliez pas. Jamais sans vos papiers. » Les paroles du photographe du Comité me harcèlent. Sans papiers, comment prouver que je ne suis pas arrivée en France illégalement ? Clandestinement ? Les photos ne suffisent pas. Ni les témoignages. Et les photocopies que j'ai ne sont pas des documents valables du point de vue de la loi. Que dois-je choisir ? Les papiers avec la fausse déclaration sur l'honneur ? Ou pas de papiers et ma parole seule contre celle d'Aïda ?

— OK. Je signe. Montre-moi mes papiers d'abord. Mon passeport et mon certificat d'hébergement.

Aïda les sort aussitôt de sa poche et les brandit sous mon nez.

— Si tu les veux, tu signes.

Aïda me tend mes documents. Je signe. Mohamed débarque. Je prends mon sac et dis au revoir aux enfants.

Devant eux, Aïda peine à se contenir.

— Qu'elle s'en aille ! Je ne veux plus la voir ! crie-t-elle sans me regarder.

Je pars. Il est 11 h 35, nous sommes le dimanche 7 mai 2001.

Je m'en vais sans me retourner, je descends l'escalier et monte aussitôt dans la voiture de Mohamed. Je n'ai pas prévenu Jacqueline. Mais elle sera là, aucun doute. Enfin, je l'espère. Je n'ai même pas un franc. Pendant le trajet, je ne prononce pas un mot. Mohamed non plus. Je ne suis pas sûre qu'il ait bien compris ce qui se passait et pourquoi sa sœur me jetait dehors. Est-ce qu'il est au courant ? Est-ce qu'il s'en fiche ?

Je repasse ces cinq années dans ma tête. Les illusions du début, l'espoir bafoué, l'incompréhension, la manipulation, l'enfermement, l'isolement, la tristesse, le désespoir. Tout ce temps gaspillé, perdu pour toujours. Il faut qu'Aïda paie !

Je dois me battre encore !

Une heure plus tard environ, nous nous arrêtons devant la maison de Jacqueline, à Champigny-sur-Marne. Elle en sort aussitôt, intriguée par la voiture. Dès qu'elle me voit, avec mon sac sur le dos, elle comprend tout et m'accueille dans ses bras sans un mot.

— Bon, ben, salut ! lance Mohamed avant de repartir.

Je ferme les yeux, toujours contre Jacqueline.

— Tu es libre, Salima. Tu es libre, murmure Jacqueline en me caressant les cheveux.

Je ne parviens pas à le croire.

Je sais qu'il me faudra du temps, beaucoup de temps, avant de réaliser vraiment.

XVI

Jacqueline m'installe dans une chambre à l'étage, une grande et belle chambre pour moi toute seule, à côté de la sienne. D'habitude, les personnes qu'elle héberge sont logées dans les pièces du rez-de-chaussée mais, comme Sophie, j'ai droit à un traitement de faveur. Jacqueline me laisse même utiliser sa salle de bains personnelle. J'ai l'impression d'être une vraie princesse.

Elle est aux petits soins avec moi :

— La première chose qu'on va faire, c'est appeler tes parents pour leur signaler que tu es désormais ici. Et demain matin, on contactera le Comité. Il faut agir vite, avant qu'Aïda ne prenne les devants.

Je lui raconte pour le papier qu'Aïda m'a obligée à signer.

— Ne t'inquiète pas, dit Jacqueline, à mon avis ça ne vaut pas grand-chose. Tu as cédé à un chantage, je crois que ça apparaît assez clairement. Tu n'avais pas le choix.

Jacqueline insiste pour que je téléphone à mes parents. C'est difficile de les entendre au bout du fil. Ils sont choqués, apeurés. Ils ne comprennent pas vraiment encore ce qui se passe. Je sens bien qu'il y a des doutes en eux, des confusions. Ils redoutent les conséquences de tout cela à Dakar. Le bruit que ça va faire, les histoires. Ma mère évoque son ami d'enfance. Je me tais.

Elle est gênée, elle s'inquiète pour moi, sur ce que je vais faire maintenant, ce que je vais devenir.

— Elle restera chez moi aussi longtemps que ce sera nécessaire, la rassure Jacqueline qui m'a pris le combiné des mains, voyant que je n'avais plus envie de parler. Pour le moment, le plus urgent est qu'elle porte plainte et qu'elle obtienne un nouveau titre de séjour.

L'idée de la plainte est nouvelle. Pas une fois en cinq ans elle ne m'est venue à l'esprit. Je ne savais pas que c'était possible. Je ne connaissais pas mes droits. Je croyais que c'était moi qui étais en tort, dans l'illégalité.

Bien sûr, ça effraie mes parents. Ce n'est pas étonnant. Mais je sais que je resterai déterminée. Je suis adulte, maintenant. Je ne dépends plus d'eux. Il n'est pas question que je rentre à Dakar ! Personne n'évoque cette solution, de toute façon. On a tous parfaitement conscience qu'il n'y a aucun avenir pour moi là-bas. Et ce serait faire gagner Aïda, d'une certaine manière. Retourner là-bas sans rien, sans papiers, sans diplôme, sans argent. En ayant tout perdu… Il n'en est pas question !

Tant pis si mes parents ne me comprennent pas, ne m'approuvent pas !

Le lendemain, à la première heure, soutenue par Jacqueline, j'appelle le CCEM.

— Il faut que vous veniez dans nos locaux pour qu'on procède officiellement à la prise en charge. Maintenant. Je viens vous chercher, me dit Philippe au téléphone. Comme vous ne connaissez pas du tout Paris et que c'est un peu compliqué, vous risquez de vous perdre. Je serai dans une heure à la gare de Joinville. Attendez-moi là-bas. Apportez tous les documents écrits que vous possédez.

Après toutes ces années où il ne s'est rien passé, depuis vingt-quatre heures j'ai l'impression que ma vie s'accélère d'un coup ! Un changement de rythme brutal. Ça me tourne un peu la tête. Je me sens tout étourdie. Chez Jacqueline, il y a plein de Sénégalais. Ça me fait tout drôle. C'est rassurant et trompeur à la fois. Comme si je me retrouvais dans une bulle. Mais si je veux aller plus loin, je dois maintenant découvrir un autre visage de la France. Un visage que je ne connais pas.

Il ne faut plus que j'aie peur.

Jacqueline m'accompagne en voiture jusqu'à la station du RER. Philippe arrive comme prévu. Je les présente l'un à l'autre. Jacqueline m'embrasse en me précisant qu'elle viendra m'attendre sur le quai ce soir à 18 heures.

Je pars avec Philippe. Nous ne parlons pas beaucoup tous les deux. Je suis dans mes pensées, j'essaie de réfléchir à des phrases, à la façon de dire les choses, de raconter mon histoire. Car, à présent, comme m'a avertie Jacqueline, on va souvent me demander d'en parler. Il faut que je m'y prépare, elle m'a dit, c'est important. Je ne suis pas très à l'aise avec les mots. C'est difficile. J'ai peur de mal m'exprimer. Le français n'est pas ma langue natale.

— Sois naturelle, m'a recommandé Jacqueline. Prends ton temps. Ne crains pas de te répéter.

Le siège du CCEM se trouve en plein cœur de Paris, rue de Valois, dans le Ier arrondissement, près du Palais-Royal. Nous sortons du RER à Châtelet et nous rendons à pied à l'association. J'écarquille les yeux. Paris, enfin ! Des immeubles immenses, des magasins partout, des voitures par centaines, du bruit, la foule. C'est impressionnant. Toutes ces richesses !

— Là-bas, indique Philippe avec le doigt pointé dans une direction, c'est le musée du Louvre.

J'ai tellement de mal à y croire que j'ai l'impression d'être dans un décor de film, une carte postale ! On a tous vu des photos de Paris, du centre de Paris, avec la Seine, les bouquinistes, les bateaux-mouches, les rues pavées. Pour nous, de Dakar, c'est si exotique ! Il fait beau, c'est le printemps. Je ne suis pas encore habituée à être entourée par tant de Blancs !

Sur les trottoirs, les gens se pressent, nous dépassent, nous croisent, nous frôlent. Je les regarde rapidement et baisse la tête. Je me sens très étrangère. Je n'ai toujours pas de papiers. J'ai encore peur du monde extérieur. Tout me surprend et, à la fois, paradoxalement, sans doute à cause de l'épreuve que je viens de traverser, plus rien ne m'étonne vraiment...

C'est bizarre.

Nous arrivons au Comité. Le lundi est le jour où les membres permanents sont réunis et où il y a le plus de « passage ». Les « victimes » d'esclavage moderne prises en charge par le CCEM viennent précisément ce jour-là récupérer la somme d'argent hebdomadaire qui leur est allouée. Elles viennent aussi pour parler, entre elles ou avec l'assistance sociale, Djamila, qui est kabyle d'Algérie.

Philippe me présente à la directrice et fondatrice du Comité, et à l'autre juriste, Élodie, qui va apparemment s'occuper de mon dossier.

— Je te verrai plus tard, me dit-elle d'un ton un peu sec. Dans cinq ou six jours. Tu me raconteras tout, en détail. Pour le moment, j'en sais déjà assez et le plus urgent, c'est la plainte. Montre-moi les papiers que tu as, ainsi que le certificat d'hébergement de l'époque.

Je lui remets tous mes documents et, pendant qu'elle les examine, j'ai un premier entretien avec Djamila, l'assistante sociale. Elle me fait meilleure impression qu'Élodie, je l'avoue. Mais elle est d'emblée obsédée par l'idée de me faire partir au plus vite de chez Jacqueline. Elle n'arrête pas de me répéter que je ne dois pas rester là-bas et qu'ils vont me trouver une famille d'accueil.

— Jacqueline dit que je peux rester chez elle autant que...

— Jacqueline... Jacqueline... C'est qui, cette femme ? D'où vient-elle ? Nous, nous travaillons avec des familles d'accueil sûres, contrôlées, sérieuses. Tu as envie qu'il t'arrive à nouveau la même histoire ?

Je suis obligée de tout expliquer. Ma sœur, l'opération, l'association à laquelle appartient Jacqueline. Djamila se détend. Elle devient moins méfiante. Mais elle revient sur l'idée de me placer très vite dans une famille d'accueil, membre du Comité. Ça me contrarie un peu, c'est vrai. Je me sens bien chez Jacqueline. C'est grand, chaleureux, rassurant. C'est comme si j'étais chez moi. J'ai plein de compatriotes, là-bas. Je sors de presque cinq ans d'isolement. Je sais à peine encore qui je suis, d'où je viens. Alors me retrouver à nouveau dans un foyer inconnu, loin de tous ceux que j'aime, je n'en ai pas très envie...

Pourtant, je ne dis rien. Je ne veux pas avoir l'air de faire des manières, des caprices.

Pour le moment, de toute façon, il n'y a pas de famille disponible. Comme le nombre de victimes augmente chaque année et que l'offre d'accueil diminue, ça commence à poser problème. Je suis tout de même sidérée de voir toutes ces filles, là, qui passent, s'attardent, discutent, repartent. Pour la plupart, ce sont des Ivoiriennes et des Malgaches. Certaines sont très jeunes. Et à toutes il est arrivé la même chose qu'à moi ! Ou pire encore ! Je n'en reviens toujours pas. Beaucoup d'entre elles sont venues en France, âgées d'à peine 12 ans, « recueillies » par une « tante », c'est-à-dire quelqu'un de leur famille proche. Abusées, exploitées, battues, violées pendant des années ! Sans défense, sans parents (quelques-unes sont orphelines), terrorisées, perdues...

C'est incroyable, inimaginable !

Le problème, c'est que, selon la loi française, l'esclavage moderne n'existe pas. Le CCEM se bat précisément pour le faire reconnaître.

Djamila propose de m'inscrire sans attendre à un cours de remise à niveau pendant quelques mois. Français, anglais, maths. Bien entendu, j'accepte. Je n'ai pas encore de projets pour l'avenir. Jusqu'à aujourd'hui, j'avais renoncé à y penser. Est-ce que je me l'étais interdit ?

À présent, je me dis que je pourrais à nouveau envisager de reprendre des études. Mais tant que je n'ai pas de papiers... Et j'ai déjà 21 ans !

— Pour obtenir un titre de séjour, on fait une demande à la préfecture et ensuite on doit attendre. C'est très, très long, je te préviens, m'avertit Djamila.

Elle me donne un peu d'argent et m'explique le fonctionnement du Comité : les bureaux sont ouverts sept jours sur sept de 9 heures à 17 heures. On peut venir quand on veut, plusieurs fois par semaine, bavarder avec elle, faire connaissance avec les autres, regarder les offres d'emploi et de formation proposées, les avancées dans telle ou telle affaire, la disponibilité des familles d'accueil...

L'argent de poche, me confirme-t-elle, est donné généralement le lundi. Le dimanche, dans le grand local adjacent conçu pour cela, ils organisent des sessions de danse africaine. Djamila m'encourage à y participer.

De la danse africaine ! À ces mots, c'est comme si tout mon corps se mettait à revivre. Génial ! Bien sûr que je vais venir, mais est-ce que je suis encore capable de danser, de bouger librement au son de la musique ?

Élodie et Philippe, les deux juristes du CCEM, me font signe de les rejoindre. Ils s'apprêtent à téléphoner à Aïda, m'informe Philippe. Ils veulent que je m'asseoie à côté d'eux et que je ne dise rien, que je me contente juste d'écouter. Même si elle ment, même si elle dit n'importe quoi. Quelle que soit sa réaction.

Je hoche la tête, sans un mot. J'ai la gorge nouée. Le simple prénom d'Aïda me met mal à l'aise.

Nous sommes lundi matin. Ils ont décidé de l'appeler à son travail, à La Défense. Pour la prendre au dépourvu. La mettre dans une situation embarrassante.

— Allô ? Je voudrais parler avec Mme Aïda Toulaye, commence Élodie d'un ton glacial en appuyant sur la touche haut-parleur.

— Qui la demande ? répond une voix de femme qui résonne dans toute la pièce.

— Le Comité contre l'esclavage moderne.

On observe un silence assez long. J'ai les mains moites. Je ne suis pas sûre d'avoir envie d'entendre cette conversation.

— Ne quittez pas, finit par dire la voix dans le téléphone avant de nous mettre sur un disque d'attente.

Une fille vient s'asseoir à côté de moi. Elle me sourit et, de la tête, me fait signe que tout va bien. Personne ne dit rien. Soudain, le disque s'arrête.

— Allô ?

C'est Aïda. Je reconnais sa voix immédiatement. Un frisson me parcourt. Philippe enclenche le dictaphone qu'il pose près du haut-parleur.

— Vous êtes Mme Toulaye ? demande Élodie.

— Oui...

Elle est très, très mal, je l'entends. Elle a une peur monstrueuse.

— Ici le Comité contre l'esclavage moderne. Nous vous appelons au sujet de Mlle Salima Sy qui est en ce moment avec nous et que vous avez fait venir en France le 16…

— Je vous arrête tout de suite, coupe Aïda brutalement. Je ne n'ai pas *fait venir* cette personne, comme vous dites. Elle affabule complètement. C'est mon ex-mari, qui vit aujourd'hui à Dakar. C'est lui qui a tout organisé. C'est lui qui est responsable de tout. Ils ont voyagé ensemble ce jour-là. Je n'ai rien à voir avec cette affaire. D'ailleurs, je n'étais même pas là à son arrivée. J'étais à mon travail. Vous n'avez qu'à vérifier.

Je regarde les autres avec consternation. Voilà la ligne de défense d'Aïda – ou plus exactement celle de son avocat : faire porter le chapeau à Pape qui n'est plus sur le territoire français. Facile ! C'est révoltant ! Je me retiens de hurler.

Mais les juristes du Comité ne se laissent pas démonter. Ils connaissent ce genre d'arguments.

Élodie réagit au quart de tour et lui demande d'expliquer alors pourquoi le certificat d'hébergement de l'époque a été fait à son nom. Aïda Toulaye, c'est bien elle, non ? Ce n'est pas son ex-mari.

— « Madame Aïda Toulaye hébergera chez elle l'élève Salima Sy à compter du 16 septembre 1996. » Vous allez avoir du mal à faire croire à un juge que nous n'étiez pas au courant…

Dans le haut-parleur, la respiration d'Aïda s'accélère. Je la vois comme si elle était en face de moi. Elle commence à perdre pied.

— Bon, et alors ? Qu'est-ce que vous voulez ? Cette personne est en effet venue en France… Il est possible que le certificat ait été fait à mon nom, je ne me rappelle plus… Je l'ai nourrie et logée pendant presque cinq ans. J'ai même un document signé par elle. Alors quel est le problème ?

— Le problème, c'est qu'un document obtenu par la coercition, madame Toulaye, n'a aucune valeur juridique. Le problème, c'est que vous avez confisqué les papiers de Mlle Salima Sy dès son arrivée et qu'elle s'est retrouvée très vite, une fois son premier titre de séjour périmé, dans l'illégalité...

— Je les avais mis en lieu sûr, je ne les avais pas...

— Laissez-moi terminer et cessez de nous prendre pour des imbéciles, tranche Élodie. Mlle Salima Sy est venue en France pour suivre des études qu'elle n'a jamais faites. À la place, vous l'avez obligée à travailler chez vous sept jours sur sept, presque quinze heures par jour, sans vacances ni salaire, dans des conditions bien évidemment inacceptables et qui bafouent le Code du travail et la législation en vigueur dans ce pays. Pendant ces quatre années et huit mois exactement, Mlle Sy a dormi sur un vieux canapé-lit dans la chambre des enfants et n'avait pour ranger ses affaires que deux tiroirs. Nous avons des photos... Elle a vécu dans l'isolement, la peur, le désespoir, sans argent, sans papiers. Démentez-vous toutes ces accusations ?

— C'est... faux ! Je n'ai rien fait ! Ce n'est pas vrai ! C'est un malentendu ! Cette fille est malhonnête ! crie Aïda avec des sanglots dans la voix.

— Et Mlle Raki Watte ? Elle est malhonnête, elle aussi ?

Grand silence à nouveau. On entend juste la respiration affolée d'Aïda. Elle ne s'attendait pas à ce qu'on lui parle de Raki. Bien joué, Élodie ! Aïda n'avait pas anticipé de réponse à son sujet. Elle bredouille qu'elle ne sait rien, qu'elle ne la connaît pas.

— En tant que partie civile, le CCEM, qui représente Mlle Salima Sy, dépose aujourd'hui une plainte à votre encontre au tribunal de grande instance de Saint-Germain-en-Laye.

— Mais... je n'ai rien fait de mal ! C'est une menteuse...

— Si vous le voulez bien, c'est le juge qui en décidera. Au revoir, madame.

Quand Élodie a raccroché, je suis remontée doucement à la surface, comme si j'avais été en apnée pendant toute la conversation. Je tremblais un peu. J'avais envie de pleurer, envie de rire, c'était flou. J'aurais voulu que tout s'arrête, que tout soit effacé d'un coup, d'un trait, mais c'était impossible, j'en avais conscience. Le présent et l'avenir me semblaient comme de grosses montagnes qu'il fallait gravir et gravir sans cesse. À certains moments, elles me paraissaient infranchissables. Et à d'autres, je me disais que je n'avais pas le choix. C'était ma route, elle passait par là ! Ma renaissance, mon retour à la vie passaient par là !

Être en règle avec le passé.

Ma liberté était à ce prix.

XVII

Les premiers jours, j'apprends à savourer cette sensation nouvelle de liberté. Doucement. Prudemment. Il paraît que ça fait le même effet pour les grands blessés. Comme de la rééducation. Il faut beaucoup de temps, à la fois pour réaliser ce qui s'est passé et pour le surmonter. Dans ces cas-là, le corps et l'esprit n'avancent pas au même rythme. Le premier réagit plus vite que le second.

Je dormais jusqu'à l'heure que je voulais – et j'en avais vraiment besoin, mon corps le réclamait, il avait tenu sur la réserve pendant si longtemps ! Je mangeais avec appétit, avec plaisir même, et non plus seulement pour survivre. Je prenais mon temps dans la salle de bains, je me coiffais à nouveau. Je me regardais dans une glace. Je m'adressais de petits sourires. Je me détachais de la cadence qui avait été la mienne pendant presque cinq ans. Soudain je n'avais plus rien à faire : ni ménage, ni repassage, ni cuisine !.... Et les journées me paraissaient longues, vides... Je n'étais pas encore habituée. Je n'avais plus de repères. C'était une sensation étrange, je pouvais regarder la télé quand je le voulais, lire dans mon lit jusqu'à pas d'heure, je pouvais même rester au lit ! Plus personne pour me donner des ordres, me faire des reproches.

Je déambule dans la maison de Jacqueline sans avoir peur d'être agressée. Les gens qui m'entourent et qui vivent là ne me veulent aucun mal. Ma vie m'appartient de nouveau. Toute la journée, la nuit. Vingt-quatre heures sur vingt-quatre.

Le changement est brutal.

D'ailleurs, au bout de quelque temps, assez rapidement, cette impression devient désagréable, je me sens envahie par une immense tristesse, une fatigue qui me semble insurmontable.

Et je ne parviens pas à reprendre le dessus.

— C'est le contrecoup, m'explique une des filles du Comité. C'est normal, ça ne vient pas tout de suite. C'est comme une bombe à retardement. Au début, tu es tellement contente d'être sortie de l'enfer que tu ne t'en rends pas compte. Tu es euphorique, pleine d'énergie et d'assurance. À cause de la nouveauté, de ce qui t'apparaît comme une victoire. Tu es sur un nuage. Et puis ça change. Tu t'aperçois que tout n'est pas rose ici non plus. Tu déchantes un peu. Bref, tu retombes. Tu te vides. Et là, ça fait mal. Ça fait mal là où il n'y a plus rien, tu sais, comme les gens qui sont mutilés et qui souffrent quand même... Et le pire, c'est que, autour de toi, personne ne comprend quel est ton problème... Les gens croient que parce que tu as été libérée, c'est fini.

Je lui demande ce qu'il faut faire. S'accrocher, me répond-elle. Garder espoir. Remplir à nouveau sa vie par de petites choses bien régulières pour retrouver des repères.

Heureusement qu'il y a le Comité ! Jacqueline me pousse à y aller deux ou trois fois par semaine. Elle me conduit à la gare le matin et vient me chercher le soir quand je rentre. Entre les deux, je me débrouille seule. Je commence à me repérer sur le plan du métro et du RER. J'ai moins peur. Pendant les trajets, je lis, la tête baissée, des magazines sur les stars, sur les « people ». Comme toutes les filles de mon âge.

Je préfère ne pas regarder les gens ni attirer l'attention sur moi.

La deuxième semaine après mon départ de Saint-Germain-en-Laye, je raconte mon histoire dans tous les détails aux deux juristes du CCEM. Ils constituent un dossier, portent plainte en mon nom contre Aïda et font pour moi une demande de titre de séjour. L'assistance sociale me donne de l'argent de poche et m'inscrit au cours de remise à niveau dont elle m'a parlé dans un autre coin de Paris, plus haut, dans le XIXe arrondissement.

Mon emploi du temps se met en place.

Les choses avancent, prennent forme. C'est bien, mais je me sens tout de même perdue. Personne n'a les réponses aux nombreuses questions que je me pose. Celles concernant les papiers notamment. Sans ces documents, je ne peux ni travailler ni poursuivre mes études. Même si j'ai une attestation du CCEM, toujours sur moi, qui explique ma situation et ma demande de régularisation. Je ne suis pas tranquille. J'ai peur. Mon statut reste précaire, illégal. Combien de temps encore ? Je ne veux pas vivre de la charité des uns et des autres, de la générosité de Jacqueline. Est-ce que je suis trop impatiente ?

Je voudrais que dorénavant ma vie soit deux fois plus remplie.

Dans les locaux du CCEM, j'ai fait peu à peu la connaissance de plusieurs victimes. Au début, je n'osais pas trop parler aux autres. En fait, je crois même, pour être franche, que je n'avais pas très envie d'écouter leurs malheurs. J'étais encore repliée sur moi-même.

Progressivement, je m'ouvre au monde extérieur. J'entends des histoires hallucinantes, épouvantables.

Des filles qui ont subi les pires horreurs. Comment revivre après cela ? Je m'interroge. Des filles violées, torturées... Quelques garçons aussi... Parmi eux, il y a même un Camerounais devenu aveugle à la suite de mauvais traitements que lui a fait subir le couple qui l'hébergeait... C'est horrible ! Chaque fois que je le vois, je me sens pleine de haine.

Que Dieu me pardonne !

Beaucoup d'entre nous vivent encore dans la peur. J'ai sympathisé avec plusieurs filles. On fait de la danse africaine ensemble le dimanche. On parle de Paris où on se trouve, en plein cœur, et qu'on ne connaît pas. On voudrait bien aller se promener à Montmartre, visiter le Louvre, grimper en haut de la tour Eiffel – moi, c'est surtout pour réaliser le vœu de Sophie... – comme font tous les touristes. Mais c'est toujours la même histoire. Nous, justement, nous ne sommes pas des touristes. Nous sommes des étrangères sans papiers, sans argent et, au moindre contrôle d'identité, avant qu'on puisse prouver les procès en cours et tout le reste, on peut nous reconduire à la frontière sans discussion ! C'est ça, notre angoisse. Malgré le document du CCEM. On a entendu des histoires. Une feuille de papier, ça se déchire vite, ce n'est pas un problème.

Nous vivons toujours dans cette angoisse-là. Le pire, c'est que, à cause des plaintes déposées, certaines d'entre nous subissent des pressions, des menaces. Je connais une fille qui a dû se raser la tête pour ne pas être reconnue. Ses ex-« employeurs » ont embauché quelqu'un pour la tuer ! Et personne ne peut la protéger, car c'est une sans-papiers, donc elle n'existe pas !

Ce que je trouve le plus dur, c'est ça, justement : dans quasiment tous les cas, ceux qui nous ont fait du mal, pendant des années, tous les jours, de façon répétée et délibérée, continuent de nous en faire.

Sans aucun regret ! Personne ne demande pardon ! Personne ne s'excuse d'avoir agi ainsi ! Au contraire, ils nous en veulent, parfois à mort, de leur avoir échappé, de les avoir dénoncés, et ils nous accusent de mentir. Ils n'ont pas de remords, ils n'ont que de la haine !

Élodie me prévient qu'Aïda a été convoquée par un commissaire qui doit maintenant l'interroger et entendre sa version des faits. Apparemment, elle panique tellement qu'elle appelle tout le monde. Elle a même téléphoné au CCEM ! Elle leur a proposé de l'argent pour qu'on retire la plainte !

Je suis sidérée ! Aïda est vraiment malhonnête. Elle a toutes les audaces ! Elle est prête à tout.

— La somme était ridicule, continue Élodie. Je lui ai ri au nez. Alors elle a commencé à pleurnicher, à dire qu'elle n'avait pas d'argent, que son mari l'avait abandonnée avec ses deux enfants, qu'elle ne voulait pas aller en prison... Elle a très, très peur... Elle a insisté...

— Qu'est-ce que tu lui as dit ?

— Qu'il fallait y penser avant. Du coup elle s'est énervée et a crié que, de toute façon, si tu maintenais ta plainte, tu allais le payer cher et que tu n'obtiendrais jamais ton titre de séjour, que tu serais obligée, tôt ou tard, de rentrer à Dakar et qu'elle serait vengée...

Vengée ? Je suis choquée. De quoi ? Qu'est-ce que je lui ai fait, moi, à Aïda ? Moi qui lui ai servi de bonne et de baby-sitter gratuitement pendant quatre ans et huit mois ? C'est le monde à l'envers ! Qui s'est brisé le dos en dormant sur un vieux canapé-lit pourri pendant des années ? Qui a vu tous ses espoirs s'anéantir les uns après les autres ? Qui a vécu loin des siens ? Qui a perdu pour toujours cinq ans de sa vie ? Qui est la véritable victime dans cette histoire ? Aïda ou moi ? C'est trop fort !

Je suis furieuse, et plus décidée que jamais à réclamer la justice !

Quelques jours plus tard, ma mère m'apprend à son tour qu'Aïda les a appelés plusieurs fois. Elle leur a dit qu'elle allait aller en prison si je ne retirais pas ma plainte. Elle a pleuré, apitoyé tout le monde.

À l'autre bout du fil, je sens dans la voix de ma mère comme un reproche. Aïda joue désormais sur ce terrain-là. C'est sa nouvelle stratégie : le chantage affectif. Elle a téléphoné à Jacqueline, à mes parents, à l'ami d'enfance de ma mère. À tous, elle raconte qu'elle va aller en prison à cause de moi. Elle a inversé les rôles : maintenant, la victime, c'est elle ; la méchante, c'est moi.

Pas une fois elle ne parle de moi, de ce qu'elle m'a fait !

Jacqueline a été ferme avec elle et lui a demandé de ne plus appeler. Mes frères et sœurs sont de mon côté et me soutiennent. Désormais, ils ne parlent plus à l'ami d'enfance de ma mère. Mais avec mes parents, c'est autre chose. L'affaire les dépasse et commence à faire beaucoup de bruit à Dakar. Ils voudraient minimiser sa gravité, son impact. Pour eux, l'important c'est le présent, c'est que maintenant je me sente bien, en bonne santé.

— Je ne retirerai pas ma plainte.

J'entends ma mère soupirer. Je sais qu'elle se retrouve dans une position difficile. Elle est trop proche de son ami d'enfance. Elle ne se fâchera jamais avec lui. Il est comme un frère pour elle. En Afrique, les frères et sœurs l'emportent sur les enfants. Moi, ça fait presque cinq ans qu'elle ne m'a pas vue. Mais dans le même temps, elle ne peut pas m'empêcher ou m'interdire d'agir.

Je suis majeure, je ne lui demande rien. Avec peu de conviction, elle tente de me dire que c'était sans doute un malentendu.

— Ce n'était pas un malentendu, maman. Aïda me doit de l'argent. Il faut qu'elle paie.

— Elle n'en a pas. Où veux-tu qu'elle le trouve ? Elle dit qu'elle va aller en prison... Et ses enfants, que vont-ils devenir ? Il y a sans doute moyen de s'arranger. Elle dit qu'elle t'a offert de l'argent.

La voix de ma mère est douce, craintive. Elle n'est pas du tout agressive avec moi. Elle essaie de comprendre. Chez nous, on choisit toujours la solution facile, rapide. L'idée de porter plainte pour quoi que ce soit est complètement étrangère à la mentalité africaine.

— Ce n'était pas assez. Ce ne sera jamais assez.

Tous les jours, je pensais à Awa et à Raki qui avaient tout perdu. Maintenant qu'elles étaient reparties, il n'y avait plus de preuves contre Fatou. Elle était intouchable. Ça me dégoûtait ! Moi, j'avais encore l'espoir d'obtenir gain de cause, une compensation. Je gardais confiance. Mais la plupart des filles du Comité étaient moins optimistes que moi. D'après certaines, les procédures étaient si longues que, au bout d'un moment, tout le monde les oubliait. Et toutes n'avaient pas les mêmes chances d'aboutir. Apparemment, celles qui concernaient des diplomates, des gens fortunés étaient les mieux placées. En haut de la pile. Celles qui étaient susceptibles de rapporter le plus d'argent, de faire le plus de bruit, de réveiller l'opinion, de secouer les autorités, de changer la loi. Les autres intéressaient moins.

J'avais peur, très peur, d'être de celles-là.

Au bout de trois semaines, l'assistance sociale du Comité m'annonce qu'elle m'a trouvé une famille d'accueil près de Juvisy-sur-Orge, au sud de Paris :

— Prépare tes affaires. On y va demain.

Je ne dis rien. Je sais que je ne peux pas refuser. Sinon le CCEM cesserait de me prendre en charge, ne s'occuperait plus de mon affaire, ne me donnerait plus d'argent de poche. Je ne pourrais plus suivre le cours de remise à niveau. Mais cette nouvelle ne me remplit pas de joie. Je n'ai pas envie de quitter la maison de Jacqueline pour aller chez des inconnus. Près de Juvisy-sur-Orge ? C'est où, Juvisy-sur-Orge ? Loin de Paris ? Qui sait comment ils seront ? Sur qui je vais tomber ? Et si c'était encore un mauvais plan ? Je suis pleine de craintes et de doutes. En même temps, je sais que la chambre que j'occupe chez Jacqueline est en principe destinée à quelqu'un qui va ou qui vient de subir une opération gravissime. Je ne peux pas l'accaparer éternellement. Jacqueline, c'est une solution temporaire. Une transition. Mais après elle, c'est un point d'interrogation.

Et j'aimerais tant remplir ma vie par autre chose que des questions !

Jacqueline me rassure quand je rentre. Elle me dit de faire comme le Comité le veut, d'aller à Juvisy-sur-Orge le lendemain, mais qu'elle viendra, elle, le soir, avec mes affaires, et que si ça ne me plaisait pas, elle me ramènera avec elle aussitôt, et tant pis pour le CCEM.

— De toute façon, tu sais que tu peux revenir ici quand tu veux. N'oublie jamais cela.

Jacqueline est vraiment adorable. Elle sait trouver les mots qui apaisent.

Le lendemain, Djamila passe me prendre chez Jacqueline et nous partons à Juvisy-sur-Orge.

XVIII

Contrairement à ce que je croyais alors, le CCEM se contentait juste d'organiser le placement des filles ou des garçons chez les uns ou les autres. Il ne donnait aucune indemnité aux familles d'accueil. Celles-ci prenaient donc seules à leur charge les victimes d'esclavage moderne qu'elles logeaient et nourrissaient entièrement à leurs frais. C'était du bénévolat pur et dur. Je l'ignorais à l'époque, et je suis encore plus admirative de la famille chez qui j'ai eu la chance d'arriver.

Alain et Marie-Jeanne n'avaient pas eu d'enfants naturels. Ils en avaient adopté trois et vivaient dans une maison spacieuse et très agréable à Draveil, dans l'Essonne, près de Juvisy-sur-Orge. Quand le CCEM a été fondé en 1994, ils ont tout de suite adhéré. Ils ont été parmi les premiers à se proposer comme famille d'accueil. Avant moi, ils avaient déjà hébergé successivement trois Africaines jusqu'au moment où elles ont obtenu leurs papiers, décroché un travail et se sont alors mises à voler de leurs propres ailes. Alain et Marie-Jeanne avaient été à leurs côtés pendant tout ce temps. Ce sont des gens d'une très grande bonté, très volontaires. Des battants.

Ils ne s'avouent jamais vaincus.

Alain et Marie-Jeanne ont consacré leur vie aux autres. Ils avaient beaucoup voyagé, voyageaient encore beaucoup quand je les ai rencontrés, et connaissaient bien l'Afrique noire.

Le courant passe entre nous dès le premier coup d'œil.

— Je vais te montrer ta chambre, me dit Marie-Jeanne avec un grand sourire.

Je lui souris à mon tour. Je me sens soulagée. Le poids qui pesait sur moi depuis que Djamila m'avait annoncé que je ne resterais pas chez Jacqueline disparaît aussitôt. Je respire mieux. Je sens que je vais être bien ici. La maison est très grande, calme. Les enfants, qui ont une dizaine d'années, ont l'air bien élevés, sages et gentils. La chambre que l'on m'a réservée me plaît beaucoup. Elle est blanche et propre, avec une grande armoire, un bureau, et même une coiffeuse. Elle dispose d'une petite salle d'eau attenante, juste pour moi, et donne sur le jardin. Je suis heureuse.

Le soir, quand Jacqueline et son mari viennent apporter mes affaires, Alain et Marie-Jeanne les reçoivent chaleureusement et insistent pour qu'ils restent dîner. Marie-Jeanne a improvisé un dîner délicieux et nous passons une soirée merveilleuse, tous autour de la table, avec les enfants. Depuis cinq ans, c'est la première fois que j'ai la sensation d'appartenir de nouveau à une famille, de faire partie d'un foyer.

Comme si Marie-Jeanne et Alain m'avaient adoptée moi aussi.

— Tu seras heureuse ici, me rassure Jacqueline en me serrant fort dans ses bras avant de partir.

Je crois qu'elle a raison. Avant de me coucher, je prie pour remercier Allah qui m'a conduite jusque-là. Je m'endors ensuite d'un sommeil de bébé dans des draps qui sentent bon, qui sentent la vie, l'avenir.

Cette nuit-là, je rêve de ma sœur, de ma jumelle, comme si Elle ne m'avait jamais quittée.

Alain et Marie-Jeanne ont la bougeotte. Bientôt, les grandes vacances arrivent et nous partons, tous les six, à bord de leur grosse voiture. Ces dernières années, l'été s'est résumé pour moi à quelques semaines à Sens ou à Athis-Mons, chez Manuela ou Anna, les belles-sœurs d'Aïda, à attendre que ça passe et en évitant de penser aux plages de Dakar.

Cette fois, c'est très différent. Nous sommes sur la route quasiment tous les jours de juillet et d'août 2001 !

Alain et Marie-Jeanne ont beaucoup d'amis un peu partout en France et nous sommes invités chaque fois pendant plusieurs jours. Nous séjournons en Bourgogne dans une maison splendide au cœur d'un petit village perdu au milieu des vignes. Puis nous allons à Marseille et aussi à Monaco, et dans d'autres lieux par-ci, par-là. Partout on nous accueille avec chaleur, partout j'ai une chambre pour moi et je fais partie de la famille. Les amis d'Alain et de Marie-Jeanne leur ressemblent. Ce sont tous des gens ouverts et gentils. À Marseille, nous assistons même au mariage d'une petite cousine de Marie-Jeanne, une grande fête avec beaucoup de musique et de chants, de rires et de joie. C'est comme être dans un rêve tout éveillée. Je sais que c'est vrai, je sais que ce qui m'entoure existe vraiment, même s'il y a toujours en moi un fond de méfiance qui me fait douter de la solidité du présent.

Nous sommes de retour à Draveil à la fin du mois d'août. J'en ai vu, des paysages au cours de ce long été ! Moi qui pendant cinq ans n'étais quasiment pas sortie de l'appartement d'Aïda, ça a été l'extrême opposé.

La France m'a semblé très belle, très différente d'une région à l'autre. J'avoue que j'ai adoré le Sud avec le soleil et la mer, la chaleur. Je revivais, je sentais à nouveau l'Afrique, mes racines, j'avais l'impression que mon corps sortait d'un long, très long sommeil.

Début septembre, poussée par Alain et Marie-Jeanne qui sont pleins d'énergie et m'encouragent pour tout, j'organise ma vie rapidement. Je retourne au cours de remise à niveau mis en place par le Comité. Je vais en moyenne deux à trois fois par semaine dans les locaux du CCEM.

J'ai beaucoup discuté avec Alain et Marie-Jeanne de la question de mes études. Ils pensent tous les deux qu'il est un peu tard pour reprendre une filière générale. Le temps a passé, j'ai 22 ans et je risque d'être complètement décalée, selon eux. Ça signifierait, dans le meilleur des cas, avoir mon bac à 25 ans, et pour faire quoi ensuite ? m'ont-ils demandé très justement. Le bac seul ne mène pas bien loin.

J'ai décidé de suivre les conseils de Marie-Jeanne : une fois que j'aurai mon titre de séjour officiel, j'intégrerai une formation spécialisée dans la vente.

« Une fois que tes papiers seront en règle » : c'était tout le problème ! On en revenait toujours au même point ! Au Comité, les seules réponses qu'on me donnait, c'étaient « ça prend du temps », « il faut attendre ». Sensation étrange et désagréable. Ça me rappelait quelque chose que j'avais déjà entendu, à une autre époque, dans une autre vie, et que je m'étais juré de ne plus jamais vivre…

Plus ça va, plus le CCEM reçoit de plaintes. Chaque semaine, de nouveaux cas sont signalés. Tous ne sont pas pris en charge, mais la petite structure du Comité a du mal à suivre.

Le staff est débordé.

Certains dossiers sont traités en priorité par rapport à d'autres. Il n'y a même plus assez de familles d'accueil. Du coup, le CCEM a casé sept filles dans un appartement, vers Bastille, livrées à elles-mêmes. Elles parlent à peine français. Je sais qu'ils ont même proposé à certaines de rentrer dans leur pays... Celles pour qui ils sont à peu près sûrs de ne jamais obtenir d'indemnités parce que leurs ex-employeurs ont quitté le territoire ou qu'ils n'ont pas d'argent.

Aïda est toujours en France, ça, j'en suis sûre. Elle continue d'appeler chez mes parents – mes sœurs me l'ont dit – et elle a fait tout un esclandre à Dakar pendant l'été. Elle a répété à qui voulait l'entendre que je n'aurais jamais de titre de séjour et que je finirais par rentrer les mains vides ! Que je n'étais qu'une bonne à rien ! Elle a bien fait de dire ça, ça me donne une motivation de plus pour me battre ; il est hors de question que je quitte la France en vaincue ! Hors de question que je donne raison à Aïda !

Mais je me demande si le CCEM s'active vraiment beaucoup pour moi...

Comparée à d'autres filles, je ne suis pas la plus à plaindre, c'est sûr. Certaines semblent avoir subi comme un lavage de cerveau.

Elles ont un corps de jeune femme, mais l'âge mental d'une enfant, l'âge où elles se sont arrêtées de vivre. Elles restent naïves, innocentes. « Livrées à elles-mêmes ».

Moi, en tout cas, je me débrouille seule. Grâce aux différents contacts de quelques filles du Comité, je commence à faire des baby-sittings dans Paris à droite et à gauche. Pas déclarés, évidemment. Comment agir autrement en attendant ? Je n'ai pas le choix. Parallèlement, j'assiste toujours aux cours de français, de maths et d'anglais du CCEM. Mais je m'ennuie. J'ai largement rattrapé le niveau.

Le soir, je retrouve le foyer d'Alain et Marie-Jeanne avec bonheur.

En général, je suis épuisée et je m'écroule très rapidement dans mon lit.

Plus le temps passe, moins je comprends pourquoi je n'ai toujours pas de papiers et pourquoi ma plainte contre Aïda reste lettre morte. Au début, ça partait pourtant bien. Toutes les démarches ont été faites. Aïda a rapidement été auditionnée par un commissaire. Alors pourquoi ça traîne comme ça, maintenant ?

Alain et Marie-Jeanne ne comprennent pas non plus. Ils en veulent un peu au Comité de ne jamais les appeler, de les laisser sans nouvelles. Visiblement, c'est pareil pour les autres familles, d'après les filles que je connais.

Je ne veux pas céder au découragement. Je commence à m'impatienter. Je suis inquiète et je le dis à plusieurs personnes du CCEM. Élodie, la juriste, le prend très mal.

Elle se sent visée par mes remarques :

— Qu'est-ce que tu crois ? Tu n'es pas la seule ! me lance-t-elle avec méchanceté. Si tu n'es pas contente, si ça ne va pas assez vite pour toi, tu n'as qu'à aller ailleurs !

Toute l'équipe la soutient. On prétend que j'ai mauvais caractère et que mon influence sur les autres filles n'est pas bonne.

Le ton monte entre nous. Je ne me laisse pas faire, c'est vrai. J'ai baissé la tête trop longtemps. Nous nous disputons de plus en plus souvent. Maintenant, la plupart du temps, je me rends dans les locaux du CCEM en traînant les pieds. Je suis chaque fois pleine de reproches et je m'agrippe avec les uns ou les autres. Il y a des filles qui tombent enceintes parce qu'elles sont toutes seules, sans famille, que plus personne ne s'occupe d'elles. Elles se font avoir par le premier venu... Je ne trouve pas ça normal. Je crois que leur donner quelques euros par semaine, ça ne suffit pas. Que vont-elles devenir, ces filles-là ? Pourquoi n'y a-t-il aucun suivi psychologique ? Pas de gynécologue, personne ?

Je pose des questions qui déplaisent, j'appuie là où ça fait mal. Je suis devenue porte-parole de la contestation !

Pour le CCEM, je suis un élément perturbateur. Je sens que ma présence est de moins en moins désirée. Mais ça m'est égal. À quoi me sert le Comité s'il ne me défend pas ?

Une année entière s'est écoulée de cette manière, à fleurets mouchetés.

Quand l'été 2002 est arrivé, je me trouvais toujours au même point. Et nous sommes repartis sur les routes avec Alain, Marie-Jeanne et les enfants.

À notre retour de vacances, début septembre, une de mes sœurs me téléphone. Pendant quelques minutes, je sens qu'elle tourne autour du pot sans oser me dire le véritable objet de son appel.

Enfin, elle se décide et m'annonce qu'Aïda est rentrée à Dakar.

— Comment ça, « rentrée » ? Qu'est-ce que tu veux dire ? Elle est venue passer les grandes vacances comme d'habitude, non ?

J'ai peur d'entendre la suite. J'ai peur qu'elle prononce les mots qui vont me faire mal.

— Oui, mais cette fois... elle n'est pas repartie...

Je ne comprends pas. Elle a bien un travail, un poste important à La Défense et...

— Elle vient de commencer un travail pour... le président Abdoulaye Wade. Ici, à Dakar. Elle est proche de lui, comme tu le sais.

— Et les enfants ? Elle ne peut pas être partie sans eux, quand même ?

— La petite est avec elle. Quant au garçon, d'après ce que j'ai appris, il fallait s'y attendre, Aïda l'aurait laissé en pensionnat à Saint-Germain-en-Laye pour un an… Apparemment elle a quitté la France pour de bon, Salima…

Ce n'est pas possible ! Je ne peux pas y croire ! Je suis anéantie. Atterrée.

— Elle avait peur d'aller en prison… Je suis désolée.

Il ne me faut pas longtemps pour vérifier que les informations de ma sœur sont exactes. Je téléphone à l'ancien numéro d'Aïda… : il n'y a plus d'abonné !

Et le CCEM ne tarde pas à me donner le coup de grâce :

— Aïda Toulaye a quitté le territoire français. Dans ces conditions, on ne peut plus poursuivre la plainte. L'affaire est classée.

— Tout est votre faute ! Si vous n'aviez pas perdu tout ce temps !

Je suis hors de moi. Je suis peut-être injuste, mais tellement furieuse ! Maintenant je sais que je ne toucherai jamais d'indemnités. Pas un centime ! Je n'obtiendrai aucune « réparation » pour le mal qu'on m'a fait, pour les cinq années de vie qu'on m'a prises !

Désormais intouchable, Aïda restera impunie. Elle a eu le temps de s'organiser, de préparer son départ et sa nouvelle vie à Dakar où sa réputation n'est même pas tachée. Elle a peut-être dû quitter la France, mais elle est gagnante sur tous les fronts.

À l'inverse, moi, j'ai tout perdu !

— Puisque la plainte est arrêtée et que l'affaire est classée, nous ne pouvons pas continuer à te prendre en charge, ajoute dans la foulée quelqu'un du CCEM.

C'est la douche froide. La rupture est consommée.

Déçue, en colère, je claque la porte du Comité.

Et maintenant ? Et mes papiers ? Est-ce que j'ai encore une chance d'obtenir un titre de séjour ? Que vais-je devenir ?

— Dès demain, nous reprendrons les choses en main, me disent Alain et Marie-Jeanne quand je m'effondre le soir même, de retour à la maison.

Heureusement que j'ai Alain et Marie-Jeanne ! Et qu'ils ne sont pas du genre à se laisser abattre ! C'est grâce au Comité que je les ai rencontrés, je dois au moins lui reconnaître cela.

Solidaires avec moi, ils décident à leur tour de couper les ponts avec le CCEM et de se battre pour mes droits. Mais y parviendront-ils, même avec toute la meilleure volonté du monde et une énergie monstre, là où d'autres ont échoué ?

Ils sont mon dernier espoir !

XIX

Alain et Marie-Jeanne se mettent aussitôt en rapport avec des associations de personnes sans papiers et plongent dans un tunnel de démarches administratives et judiciaires. La famille a décidé de poursuivre en mon nom la plainte contre Aïda. Sans grand espoir, c'est vrai, car Aïda n'est plus là... Mais c'est symbolique et là-bas, au Sénégal, elle ne doit pas dormir tranquille. Elle est hors-la-loi en France, recherchée par la justice.

C'est une criminelle en fuite.

Comme ça, je lui prouve que je ne me laisse pas faire, que je n'oublierai jamais ce qu'elle m'a fait et que, s'il m'arrive de la croiser à nouveau un jour dans ma vie, ce n'est pas moi qui baisserai les yeux !

Je savais que l'ami d'enfance de ma mère voyait toujours Aïda et que ma mère voyait toujours son ami d'enfance. Mes frères et sœurs, en revanche, ne lui parlaient plus. Au téléphone, mes parents n'abordaient plus le sujet avec moi. De loin, ils devaient avoir l'impression que je m'obstinais bêtement et qu'Aïda avait raison quand elle racontait à tout le monde que je n'aurais jamais de titre de séjour et que je finirais par rentrer comme une malpropre. Est-ce que je retournerais à Dakar un jour ? J'évitais de me poser cette question.

Alain me conduit au commissariat de Juvisy-sur-Orge, puis à la préfecture de l'Essonne. Ensemble, on porte plainte contre Aïda et on fait une nouvelle demande de séjour temporaire.

Nous sommes quasiment fin 2002, six ans après mon arrivée à Roissy.

Pendant les mois qui suivent, pendant qu'Alain et Marie-Jeanne remuent ciel et terre pour moi et qu'ils accentuent la pression sur les autorités, je continue mes baby-sittings dans Paris. Je voudrais ne plus dépendre d'eux, ne plus leur coûter autant. Depuis que le Comité m'a lâchée, ce sont eux qui me donnent de l'argent de poche et qui assurent toutes mes dépenses. Ils me logent, me nourrissent, m'emmènent en vacances.

Ils font tant pour moi !

Je vois aussi toujours plusieurs filles du Comité qui, comme moi, en sont parties. À peu près pour les mêmes raisons que moi. Nous restons très soudées. Certaines n'ont plus de famille, plus personne. On s'entraide comme on peut. Un baby-sitting mène à d'autres. J'en fais de plus en plus pour mettre un peu d'argent de côté. Je me retrouve dans des familles françaises.

L'une d'elles particulièrement compte beaucoup pour moi. Celle de Caroline, et de son mari Marc. C'est peut-être grâce à eux si j'arrive aujourd'hui à travailler et à vivre comme une adulte.

Quand je les rencontre, et que je leur raconte mon histoire, ils décident de tout faire pour m'aider.

Ils me paient à un tarif largement plus élevé qu'un baby-sitting normal. Ils tiennent même à me rembourser ma carte Orange ! Pauline voyage beaucoup, elle fait énormément de reportages à l'étranger. Chaque fois, elle me rapporte des souvenirs, des cadeaux. Elle est très généreuse.

À l'automne 2003, sept ans après mon arrivée en France, Alain et Marie-Jeanne reçoivent des nouvelles de la préfecture plutôt encourageantes. Ils y croient dur comme fer. Ils sont persuadés que ce n'est plus qu'une question de jours.

Moi, j'ai appris à ne plus avoir de certitudes.

Une amie sénégalaise, ancienne du Comité elle aussi, me propose de partager un studio au Kremlin-Bicêtre. Je suis tentée. J'ai mis un peu d'argent de côté et j'en gagne maintenant régulièrement avec mes baby-sittings. Alain et Marie-Jeanne n'ont pas très envie que je parte de chez eux, mais ils m'encouragent tout de même. Ils savent que c'est bien pour moi.

Je finis par accepter et, en novembre 2003, je pose mes petites affaires dans le studio riquiqui que nous louons dans un immeuble qui accueille essentiellement des étrangers. Alain et Marie-Jeanne se sont portés garants pour moi, et j'ai un document qui prouve que mon dossier est en cours de régularisation.

Ma nouvelle « maison » est toute petite. Nous n'avons qu'une pièce de moins de 10 mètres carrés pour deux, avec un canapé-lit et un matelas. Deux plaques électriques et une douche. Mais c'est à nous. Nous sommes indépendantes et libres !

J'ai bien fait de forcer le destin. La semaine suivante, je reçois mon titre de séjour temporaire, avec la mention « Vie familiale » inscrite dessus.

Je ne suis plus une hors-la-loi, une clandestine. Je peux marcher dans les rues de France la tête haute, sans avoir peur de quiconque. Je peux enfin dormir sur mes deux oreilles, sans craindre de me retrouver en prison ou de me faire réexpédier à Dakar en quelques heures ! Il m'aura fallu sept ans...

Sept ans pour que mes droits soient enfin reconnus. Sept ans pour que mon identité me soit rendue.

Il n'y aurait pas de procès, mais Aïda avait perdu. Une nouvelle vie commençait pour moi aujourd'hui.

Dès le mois de janvier 2004, je trouve une formation de vente de six mois, grâce à une mission locale de l'ANPE. Je commence aussitôt, à Montreuil. Pendant six mois, je suis tous les jours des cours théoriques que j'alterne avec de nombreux baby-sittings, à présent déclarés. Je me lève tôt, j'étudie beaucoup. Avec ma colocataire, nous faisons attention à tout et dépensons le moins possible. Elle est musulmane, comme moi, pratiquante, employée de maison dans les beaux quartiers. En général, c'est moi qui cuisine le dimanche, un gros plat africain avec beaucoup de légumes et d'épices, pour toute la semaine. Nous ne fréquentons pas de garçons ni l'une ni l'autre. Nous sommes très méfiantes et voulons rester pures pour notre mari.

Je suis allée une seule fois dans une discothèque avec des copines de Dakar que j'ai retrouvées et qui vivent à présent en France. Mais c'était trop enfumé pour moi et je n'aime pas me faire draguer. Je préfère écouter de la musique chez moi.

Après ces six mois, je fais un stage de trois semaines dans un grand magasin de prêt-à-porter au centre de Paris.

Le stage débouche immédiatement sur un CDD.

Le soir même, j'appelle mes parents à Dakar. J'ai un travail, un contrat, un salaire, des fiches de paie ! Ça y est !

Mes parents sont très heureux, soulagés. Très fiers de moi. Ils le répètent à plusieurs reprises. Cela représente aussi pour eux la fin d'une longue histoire qui a tourné au cauchemar. Ils m'ont beaucoup manqué et j'ai appris à vivre sans eux. Je ne sais pas quand j'irai les voir. Je n'en parle pas. Je ne suis pas prête. Je n'ai pas encore fait le deuil de ma plainte avortée contre Aïda. De ce procès qui n'aura jamais lieu. Il faut que je m'installe dans ma nouvelle vie, que je prenne de nouveaux repères. J'irai peut-être à Dakar le jour où je pourrai me payer le voyage. Pour des vacances, simplement.

Un autre retour, je crois, n'est plus possible.

Je découvre la vie d'entreprise et aussi les horaires difficiles, les clients parfois désagréables. La fatigue physique. Le mal de dos à force de me tenir debout toute la journée. Les transports en commun bondés. Les grèves. Les périodes de soldes.

La vie tout court.

Souvent, le dimanche, je passe la journée avec Alain et Marie-Jeanne. Ou avec une copine. Une fille que j'ai connue au Comité ou alors une ancienne amie du Sénégal. J'aime aussi me reposer tout simplement. Je n'ai que ce jour-là de libre et un autre dans la semaine, le mardi généralement. Dans le magasin où je travaille, et qui se dresse sur quatre étages en plein centre de Paris, la plupart des employées sont étrangères. Toutes proviennent de pays différents. Toutes ont vécu des traumatismes – guerre, exil, violence… et j'en passe ! Elles ne veulent pas en parler. Il est très difficile de leur arracher un mot sur le sujet. De temps en temps, au détour d'une phrase, quelque chose apparaît. Mais c'est rare. Moi-même, je n'ai rien dit de ce qui m'est arrivé. Personne ne connaît mon histoire.

Nous vivons dans le présent.

Je me suis juste confiée parfois à certaines de mes anciennes camarades de classe de Dakar.

— C'est horrible, ce qui s'est passé, m'a dit un jour l'une d'elles.

Horrible. Impardonnable. Mais c'est le passé. Il faut peut-être oublier.

Pendant quelque temps, j'ai pensé qu'elle avait raison. Qu'il valait mieux tourner la page et songer à l'avenir. Égoïstement. Après tout, je ne m'en sors pas si mal. Je suis jeune, j'ai la vie devant moi et j'entends bien en profiter. Je me sens vivre, je me sens forte.

Mais le soir, au moment de m'endormir, je suis hantée par des scènes que j'ai subies chez Aïda. Je pense à Awa et à Raki dont je suis sans nouvelles. Je songe à toutes les autres filles qui ont connu la même situation que moi. Je pense aussi à celles qui sont encore prisonnières, mes sœurs, victimes d'un délit que la loi ne reconnaît pas encore. Je me sens liée à elles.

Pourtant vous aurez peut être remarqué que je n'arrive pas à prononcer le mot : « esclave », « esclavage ». J'esquive, je n'ose pas, ni de prêt ni de loin m'en approcher.

Est-ce que l'Histoire se répète à l'infini ?

Aujourd'hui...

Salima habite et travaille à Paris. Elle retourne régulièrement à Dakar voir sa famille et ses amis. Elle n'a jamais revu ni Aïda, ni l'ami de sa famille.

Aïda s'est réfugiée à Dakar avec sa fille qui a maintenant quinze ans. Elle a un bon poste au gouvernement. Elle ne voit plus les parents de Salima.

Son fils Moussa vient d'avoir dix-neuf ans. Il habite à Paris.

Pape habite à Dakar. Il s'est remarié.

Fatou habite toujours à Paris. Elle est secrétaire pour une multinationale.

Awa a fini par rentrer à Dakar, où elle est coiffeuse. Elle est en pleine forme et gagne bien sa vie.

Raki n'a jamais donné de nouvelle. Elle vit très retirée de la ville.

Sophie va mieux. Elle s'est mariée.

Remerciements

Je remercie toutes les filles que j'ai connues au Comité Contre l'Esclavage Moderne et qui m'ont soutenue d'un bout à l'autre de ce projet ; Jacqueline ; et bien entendu Caroline, à l'origine de tout et sans qui rien n'aurait été possible.

Et des remerciements tout particuliers encore une fois à ma famille d'accueil pour toutes ces années où elle n'a cessé de m'encourager, de me pousser et de me relever après chaque chute.

8909

Composition
NORD COMPO

Achevé d'imprimer en Espagne
par ROSES

le 8 mars 2009.

Dépôt légal mars 2009.
EAN 9782290014035

EDITIONS J'AI LU
87, quai Panhard-et-Levassor, 75013 Paris

Diffusion France et étranger : Flammarion